Karl Christian Friedrich Krause, August Wünsche

Zur Sprachphilosophie

Aus dem handschriftlichen Nachlasse des Verfassers hrsg. von Aug. Wünsche

Karl Christian Friedrich Krause, August Wünsche

Zur Sprachphilosophie
Aus dem handschriftlichen Nachlasse des Verfassers hrsg. von Aug. Wünsche

ISBN/EAN: 9783742894038

Hergestellt in Europa, USA, Kanada, Australien, Japan

Cover: Foto ©ninafisch / pixelio.de

Manufactured and distributed by brebook publishing software
(www.brebook.com)

Karl Christian Friedrich Krause, August Wünsche

Zur Sprachphilosophie

Inhaltsverzeichniss.

Einleitung.

§ 1.

Die Sprachwissenschaft umfasst die Sprache, ganz, in allen ihren Theilen, in aller ihrer Theile Verbindung, worin sie unter sich und zum Ganzen stehen, und in allen ihren Beziehungen und Verhältnissen, unter anderen auch in allen ihren Zeit- und Raumverhältnissen*). Sie umfasst also:

1. Die Anschauung des Allgemeinwesentlichen und Erstwesentlichen der Sprache, d. i. den Urbegriff der Sprache, als Urbild der Sprache im Innern ausgebildet (die construirte Idee der Sprache), für alle Zeiten, alle Welten. Jede einzelne eigenlebliche Sprache enthält das Allgemeinwesentliche der Sprache auf eigenthümliche Weise bestimmt und begrenzt; sie bildet das ganze Ewigwesentliche der Sprache nur zum Theil, und in der Weltbeschränkung nur zum Theil urbildgemäss, dar. Durch Kenntniss der Sprache überhaupt, durch die Ursprachwissenschaft (urbildliche Sprachwissenschaft), wird der Verstand gebildet und der Sinn belebt und geschärft, dass darnach jede einzelne Sprache gewürdigt, ihr Wesengemässes und ihr Wesenwidriges, ihr Schönes und ihr Schönwidriges, in Ton und Bildung, erkannt und empfunden, und darnach auch jede Sprache veredelt werden kann.

2. Die Kenntniss des Ganzen aller Sprachen dieser Erdmenschheit, gliedbaulich nach Zeit und Ort und Bildegang (Entfalt) geordnet und dem Gliedbau des Urbildes der Sprache gemäss nebengestellt. Also z. B. erst die altzeitlichen, die vorderasischen, die hellenische mit ihren Mundarten, und die lateinische; dann die keltische, iberische, gothische, slavische, finnische; — dann ebenso die übrigen asischen, afrikanischen

---

*) Platon verstand unter: Philologie die Liebe zur Vernunft und Vernunftbildung. Die Sprache ist Abbild der Vernunft, daher λόγος auch Rede (Verhältniss), also nach letzterem Sinne φιλολογία: Liebe zur vernünftigen Rede.

und amerikanischen Sprachen; unter den asischen zuerst die
sogenannten einsilbigen, dann die mehrsilbigen, zuerst das
Sanskrit, dann die altpersische, die tibetanische und die tata-
rischen Sprachen, woraus besonders die finnische Licht erhält.
So kennt man den geschichtlichen Grund, die Grundstoffe und
Kräfte des Lebens, woraus die neuen Sprachen hervorgingen,
z. B. die italienische, spanische, portugiesische, französische,
deutsche, englische, ungarische.

Dies ist auch an sich der leichteste Weg für Verstand,
Gedächtniss und Ausübung, weil der vernunftgemässeste. Viel
Zeit und Kraft wird durch die misslehrwegliche (lehrgang-
widrige) Art, schon die Muttersprache zu lernen, verloren.

Diese geschichtliche Sprachwissenschaft oder Sprachleben-
wissenschaft umfasst auch die Vergleichung der einzelnen
Sprachen untereinander, im Aufstellen ihres Gemeinwesent-
lichen und ihres verschiedenen Eigenleblichen zur Darstellung aller als Zweige Eines Lebenbaumes der Einen Erdsprache.

3. Die Würdigung aller bestehenden Sprachen nach dem
Urbilde und die Veredlung der Erdsprache und der einzelnen Erdsprachen. Denn das Wesentliche der Sprache ist im
ganzen Weltall dasselbe, mithin sind auch die Sprachgesetze
dieselben. Diese dritte Erkenntniss der Sprachen ist urbildlich und geschichtlich (ewig und zeitlich, philosophisch und
historisch oder empirisch) zugleich. Man vergleicht hierbei
sowohl die Sprachen mit dem Urbilde, als auch das Urbild
mit den Sprachen. Im ersten Fall erfahre ich, was die Sprachen
Urbildliches in sich sind, im zweiten, wie viel in ihnen vom
Urbilde dargestellt ist, und wie viel noch mangelt*).

    a) Dies kann geschehen, indem der im Wortthum und
    in der ganzen Bildeform einer Sprache gegebene Stoff,
    sofern er dem geschichtlichen Begriffe dieser Sprache
    und zugleich dem Urbilde gemäss ist, beibehalten und
    demgemäss weiter, in verschiedenen Stufen, ausgebildet
    wird. Sowie dies z. B. mit der deutschen Sprache in
    verschiedenem Grade möglich und wünschenswerth ist.

---

*) Es zeigt sich als allgemeines Gesetz, dass bei zwei Entgegen-
gesetzten eine Vereinigung stattfindet. So im Menschen Geist und Leib;
so auch die verschiedenen Erkenntnisse. Dies kann nur sein, wenn die
Entgegengesetzten Nebenintheile Eines Höheren sind.

Urwesentliche Sprachlehre		Urwesentliche Sprachlehre (theologische)	
ewigwesentliche (urbildliche)	zeitlebliche (historische, geschichtliche)	urbildliche (philosophische)	geschichtliche (linguistische)
ewigzeitlebliche (vereint durch die urwesentliche über beiden; historischphilosophische).		urbildlichgeschichtliche (geschichtlichphilosophische, historischphilosophische).	

Geht man hierbei nicht über den geschichtlichen
Gebrauch einer Sprache hinaus, so wirkt man belebend,
ausserdem tödtend, oder eine neue Sprache bildend;
wie wenn man im Deutschen das Gesetz der Betonung der Wurzelsilben aufheben wollte.

Auch könnte der Plan gefasst werden, das gemeinsame Wesentliche mehrerer Mundarten in Eine einzelne Stammvolksprache, oder mehrerer verwandter
Volksprachen in Eine Volkschaftsprache (Volkverein-
sprache), wie aller europäischen in Eine europäische,
oder auch aller Erdsprachen in Eine Erdsprache, nach
Grundsätzen der Ursprachwissenschaft auszubilden.
Der geschichtliche Begriff der Einen Erdsprache
ist nur in der Gesammtanschauung aller einzelnen
Sprachen dieser Erde möglich. So wurde im Mittelalter das erstorbene Altrömische in das Schul- und
Kirchenlatein (scholastische Latein) höher ausgebildet.

b) Indem man die in unserem Erdsprachenthume fehlenden Glieder aus reiner Dichtkraft auf den Schwingen
des Urbildes der Sprache zu ergänzen versucht. Beispiele werden in Zukunft, sobald sie verständlich sind,
angeführt werden.

§ 2.
Umfang der Sprache, als Gegenstand der Sprachwissenschaft, nach den verschiedenen Arten der Sprache.

Die Sprachwissenschaft umfasst also jede Sprache:

1. Die Tonsprache, die durch eine Tonzeichenwelt das
ganze Lebenspiel (Lebenthum) des Menschen und der Menschheit darstellt. Diese Zeichen für das Ohr sind für das augen-
blickliche Bedürfniss, für die Nähe, wesentlich, gut, (vielleicht)
die besten; aber sie verhallen, sind schwerlich in weite Fernen
mittheilbar. Dieser Zeichen sind wenige, durch die Sprachglieder und deren (gemüthliche und anschau(n)liche [verstand-
und vernunftgemässe]) Bewegungen bestimmte. Jeder Laut
deutet eine Kraftäusserung, oder einen Gemüthzustand, oder
beide vereint, naturgemäss an; und daraus ist eine Natur-
malerei (der Lautwörter) möglich, die theils die Kraftäusserung
des zu Bezeichnenden, theils die Empfindung (das Empfindniss) des Sprechenden, theils die Gegenwirkung ebendesselben,
oft in demselben Worte zwei, oder drei dieser Dinge, bezeichnet. So hat jeder Laut seinen Natursinn. Darin stimmen
alle Völker überein; nur dass dann jedes nach seiner Eigenleblichkeit dieselbe Sache von verschiedenen Seiten ansieht;
und dass die späteren Geschlechter, von dem Natursinne der
Laute absehend, ihn über dem Bildlichen der Wörter vergessen.

1*

2. Die **Tonschriftsprache** gehört ebenfalls zu der Sprachwissenschaft. Sie ist eine Zeichenwelt der Tonzeichenwelt, Sprache der Sprache, Sprache in der zweiten Potenz und eine wesentliche Erfindung, die dem Menschheitgeiste Flügel leiht, während er tonsprachlich gleichsam nur am Boden umhergeht. Eigentlich ist sie Tonzeichensprache, es mögen nun die Züge auf einer Fläche (geschrieben), oder in der Luft (vorbewegt) dargestellt werden. — Die von den Taubstummen, z. B. in Berlin in der Taubstummenanstalt, ausgeübte Geberdensprache ist auch zum Theil eine Uebersetzung der Tonsprache, so, dass ganze Wörter, oder Wortlinge in Gesichtzeichen übersetzt werden. Als besondere Art derselben ist zu bemerken die Engtonschriftsprache (Stenographie), wie z. B. die Tironischen Zeichen bei den Römern, welche in Gronovii thesauro Antt. Romm. vollständig aufbewahrt sind; oder die englischen stenographischen Systeme. Auch diese verdient Betrachtung. Jedes Volk, wo öffentliche Redner sind, hat das Bedürfniss nach dieser Schrift. Sie ist eine Sprache in der dritten Potenz, denn sie bildet aufs Neue die Tonschriftsprache ab*). Auch die übrigen Sprachen, welche vermittelst der Glieder des Leibes, z. B. der Finger (Daktylologie), Zeichen hervorbringen, um Töne zu bezeichnen, gehören hieher. So die geheime Finger- und Handzeichensprache der Mönche im Mittelalter, z. B. zu Clugny, zum Theil auch die in den Taubstummenanstalten ausübliche Gesichtzeichensprache**).

3. Die **Urschriftsprache**, als eine reine Bildzeichenwelt oder Zugzeichenwelt, durch irgendartige dem Auge fassliche Zeichen, ist an sich so ewig wesentlich und brauchbar, als die Tonsprache. Ja sie hat vor derselben noch einige Vorzüge, z. B. dass sie weit mehrere Kunstmittel, nämlich weit mehrere einfache Zeichen hat, gerade Linien, Kreisbogen, Punkte, Kreise, Dreiecke, Vierecke u. s. f., einzeln und vielfach verbunden; dann, dass sie in Länge und Breite und in der Schiefe (Diagonale) darstellt, also das Zugleich und das Unter und Neben bezeichnen kann, welches tonlich nicht zu erlangen ist. Sowie in der Tonsprache die Grundlaute, deren die menschlichen Sprachwerkzeuge fähig sind, eine Grundlautschaft (ein Lautthum, und dann schriftlich, ein Stabenthum) bestimmen, so machen auch die einfachen Grundfiguren ein freilich ohne Ende weiterbares Zugthum (Schriftzeichenthum) aus, als das

---

*) Ich habe ebenfalls eine solche Engtonschrift erfunden, welche mit der grössten Schnellschreiblichkeit Wohlgestaltheit vereint.

**) Die Kunstmittel der Tonsprache sind sehr beschränkt; viel freier sind die der Urschriftsprache, die schon darin einen Vorzug hat, dass sie nach zwei Richtungen (Dimensionen) geht. Alle Sprache hat freilich die Beschränkung, dass das Geistleben nach allen Seiten zugleich stetig sich entfaltet, die Sprache aber immer nur einseitlich.

Alphabet der Urschriftsprache oder Selbschriftsprache oder
Selbgesichtsprache. Ferner, dass sie viel mehrere Zugvor-
linge und Endlinge und Umbildmittel für die Wortableitung
hat; dass sie mehrere und leichter verständliche bildliche
Ausdrücke neben den eigentlichen zulässt. Nur die Siner
haben bis jetzt auf unserer Erde einen einigermassen vollkommnen Versuch in dieser menschheitwesentlichen Schrift
gemacht. (Siehe vorzüglich: Montucci's [Sinologus Berolinen-
sis], Klaproth's, Hager's, Fourmont's, Desguignc's, Rémusat's
Schriften.) Diese sinesische Zeichenschriftsprache verhält sich
zu ihrem Urbilde ungefähr so, wie unsere europäischen Tonsprachen zu dem ihrigen*).

Bei dieser Sprache ist das Wesentliche, dass sie aus Gesichtzeichen besteht, diese mögen nun selbständig und blei-
bend in Fläche, oder halbrund (en basrelief), oder rundbild-
lich erscheinen, oder auch bloss in die Luft gezeichnet werden
durch die Glieder des Leibes, oder auch durch einen Schreib-
stab unterstützt, wobei dann die reine Geberdensprache den
gemüthlichen Grundtheil (Element) dazuthut. So ist es
einerlei, ob ich . . . ——— . . . auf der Fläche, oder mit der
Hand, oder dem Zeigefinger in der Luft darstelle. Hiervon
giebt die Taubstummensprache ein belehrendes Beispiel. Die
ganze Reinzeichensprache lässt sich so in der Luft zeichnen,
wenigstens die meinige.

Eine einzelne Art der Urschriftsprache ist die reine Bild-
schriftsprache, bei den Aegyptern, Mexikanern und einigen
andern Völkern als heilige (religiöse) Schrift, als Hieroglyphen-
schrift ausgebildet. Die Aegypter nebst den alten Hindus
scheinen darin am weitesten gekommen zu sein. (Siehe
Palin's, Zoëga's, Kircher's Schriften, und die Nachrichten über
indische Hieroglyphik in Fra Paolino a S. Bartol., und gelegen-
heitlich bei Solwyns.) Die Enträthselung der Hieroglyphen
würde uns hierüber viel lehren. Diese Sprache hat eigene
Kraft und Würde. Wahrscheinlich ist das erste Kapitel in
Moses' Erdschöpfungsgeschichte eine übersetzte Hieroglyphen-
tafel. So das Gemälde der Schlange, des Weibes und des
Mannes als Bild des verirrten scharfen Verstandes, der durch
Gelust dem verführerischen Beispiele, nicht unterscheidend,
folgt; zuerst folgt dem Gelust das sinnlichere, zart-gemüth-
liche Weib, dann aus schwächlicher Liebe zu ihm der sonst
verstandstarke Mann. Dieses Bild verräth tiefe Einsicht in
das Menschenherz und den Urquell des Irrthums, der Bos-
heit und des Unglücks auf Erden. Aber nur der Weise

---

*) Die grössten Denker haben sich bis hieher bemüht, eine All-
zeichensprache (Pasigraphie, Alles [und Allen] bezeichnende Sprache)
zu bilden; sowie eben die ersten Versuche der Tonschriftsprache schwach
waren, so auch die der Urzeichensprache.

kann so eine Schrift verstehen. Sie wird leicht gedeutet, wie das angeführte Beispiel, von jüdischen und rabbinischen Dogmatikern.

Diese Sprache geht über in das Gebiet der reinen Kunst, der Malerei und zugleich der Poesie; sie wird oft, wie z. B. bei Aegyptern, bei Griechen und bei den Hindus, in eine Mythologie ausgebildet; auch zu vielfachem Aberglauben leicht entweiht; z. B. in den Talismanen, Amuletten u. s. w. — Allein ihre Verbindung mit der rein zeichenlichen Urschriftsprache, wie sie sich theilweis auch in der sinesischen zeigt, ist wesentlich und macht die Urschriftsprache der Dichtkunst und der schönen Rede geschickt. — Eigentlich ist sie nur ein der ganzen Urschriftsprache wesentlicher einzelner Intheil; ja es ist noch die Frage, ob nicht die alte ägyptische Hieroglyphik reine unbildliche Züge als wesentlichen Bestandtheil in sich fasst. Nach Palin's Untersuchungen wird dies sehr wahrscheinlich. Es scheint sich dieser alte Versuch der Urschriftsprache zu deren ausgebildeteren Gestalt zu verhalten, wie die einsilbigen Urtonsprachen, z. B. die sinesische, zu dem Sanskrit, oder der deutschen Sprache; denn es fehlt alle Umbiegung und eigentliche Sammwortbildung (Sammwortung, zusammengesetzte Wörter).

4. Die Geberdensprache (Mimik). Eine Geberde ist eine Bewegung, oder durch Bewegung hervorgebrachte Stellung (Bewegstellung) des ganzen Leibes, oder eines einzelnen, oder mehrerer einzelner Glieder desselben. Sie ist möglich durch die äussere Gliedbildung des Leibes (durch Artikulation). Die Urschriftsprache ist bildend, Bildnisse darstellend (plastisch), die Geberdensprache lebend, bewegend (musikalisch, tonspielähnlich). Sie ist Aeusserung der innern Selbkräfte, drückt Stimmungen des Gemüthes und der Kraft aus, thuende und leidende und thunleidende (sie mögen ein Wirken, oder Angewirktwerden sein), angewirktliche und gegenwirkliche; sie ahmt daher auch die Gestalten und Bewegungen äusserer Dinge bezeichnend nach und ist dadurch auch eines Abbildens (plastischen Charakters) und eines symbolischen Bezeichnens fähig. Allein die zarten Bestimmungen des Denkanschauens erreicht sie, sofern sie nicht vermöge ihres soeben erwähnten Elementes in die Schriftsprache überspielt, nicht.

Sie ist dem Menschen natürlich; bei dem noch Ungebildeten, vorzüglich bei Taubstummen, und bei dem Kinde überwiegt sie und geht der Tonsprache voran; bei den Völkern, die verstandvolle Tonsprachen und Tonschriftsprachen besitzen, tritt sie leicht, mit Ungebühr vernachlässigt, zurück. Gleichwohl ist die Geberdensprache in einiger Hinsicht höher, als die vorgenannten Sprachen, und liegt im Geiste des Menschen tiefer; denn durch Eine Geberde wird oft mehr bezeichnet,

als man mit vielen Worten vermag. (Wie Ottiliens abschla-
gende Geberde in Goethe's Wahlverwandtschaften.) Die Geberdensprache bezeichnet nicht sowohl unmittelbar Dinge
ausser uns, sondern vorzüglich die Inempfindungen und Einwirknisse (Eindrücke) der Aussenwelt und dadurch mittelbar
diese Aussenwelt selbst gegenstandlich (objektiv). Dazu ist
sie vorzüglich geeignet, weil sie bloss dadurch, und zwar unwillkürlich, hervorgebracht wird. Der Ausdruck der Empfindungen durch Geberden ist dem Menschen angeboren; daher
auch Alle bei einer ähnlichen Kraftäusserung, oder Demü-
thigung einerlei Geberde machen. Auch die Töne, die sich
dabei unwillkürlich erzeugen, z. B. das ach! eines Ermüdeten,
oder das ah! eines Erstaunenden, sind mit den Geberden gleichartig, weil sie nur Ausdrücke der Inempfindung des Geistes sind.
Vorzüglich aber ist das Auge und der Mund und die Bewegung
des Hauptes wesentlich sprechend. Sowie die Tonsprache
zum Gesang, so wird die Geberdensprache, bei rhythmischer
Stimmung des Gemüthes, Tanz. — Die eigentliche Geberdensprache begleitet als Gemüthdarstellung die Urschriftsprache
so wesentlich, als die Betonung in Artheit und Grossheit die
Tonsprache begleitet. Denn sie giebt das Gemüthliche und
Ingeistleibliche (subjektive Element) dazu. Daher auch in der
Urschriftsprache die begleitende Geberde selbst wiederum
durch besondere Zeichen dargestellt werden soll. (Siehe meine
Pasigraphie und einige Hindeutungen und Versuche in Mai-
mieux' Pasigraphie.)

Sie unterstützt wesentlich die Tonsprache und den Gesang, macht beide feuriger und kräftiger. Es ist möglich, ohne
Geberde zu sprechen; wer aber Geberde mit der Tonsprache
vereinigt, wird viel mehr Wirkung hervorbringen. Sie verdient
eben deshalb den Befleiss jedes Menschen. — Sie ist eines
höheren und vielseitigen Ausdruckes der Schönheit fähig, und
die Mittel ihrer Bezeichnung sind plastisch und malerisch.

5. Die Sprache durch bildliche Handlungen, welche sich bei allen Völkern durch alle gesellige Verhältnisse
finden, zumal vor der Ausbildung der Schriftsprache und der
bürgerlichen Kontrakte; vorzüglich im Gebiete der Geschlecht-
liebe, der Freundschaft, des Gottvereinlebens (der Religion),
z. B. Waschen der Hände als Zeichen der Unschuld, Umdrehen
und Schlagen des zu befreienden Sklaven, Abendmahl und
Taufe der Christen. Die vollendete (volllebige) Menschheit
soll alle diese Arten von Sprachen, gleichförmig ausgebildet,
als Ein gliedlebliches Ganzes entfalten*).

---

*) Man kann sich eine rein selbwesentliche (gegenstandliche, an-
sichliche) Sprache denken und bilden, ohne alle Aeusserung des Gemüthes, in Empfindung und Inkraft des sprechenden Wesens. Allein
zu einer vollständigen Sprache gehört wesentlich 1. die gegenstandliche

Jede Sprache hat ihr Eigenbestimmtes, was keine anderartige Sprache leisten kann. So ist die Tonheit Wesenäusserung der Allinkraft oder des Gemüthes; Singen, Tönen ist dem Geiste, dem Leibe, dem Menschen ewigwesentlich, in sich selbst Zweck und zugleich mit Mittheilsehnen verbunden. Die reine Tonsprache, sowie die reine Geberdensprache, ist die Urgemüthsprache; in ihr spiegelt sich das Walten und Leben der Allinkraft (des Gemüthes) als in zweien ihrer einzelnen Theilkräfte. Denn das Gemüth thut sich auch auf eine der Tonheit verwandte Weise, durch die Theilkraft der Gliedbewegung, in Geberde und Tanz kund. Beide Gemüthdarstellnisse, Tonheit und Bewegheit (Musik [im weitesten Sinne] und Tanz) verbunden, verstärken sich wechselseitig, aber beschränken sich auch. Beide sind eigentlich Wesenintheile der Einen Gemüthsprache.

Musik ist reine Lautheit als solche, ohne einen Gliedbau der Kraftbeschränkungen; mit letzteren wird sie Tonsprache. Beide Sphären verbunden sind Gesang. Die Tonsprache, lautlich betrachtet, ist entweder gliedgemessen (metrisch), oder freimasslich. Die Gliedmassrede (metrische) entspricht der Natur, dem Weiblichen, die Freimassrede (Prosa) der Vernunft, dem Männlichen, die gliedfreimassliche Rede (poetische Prosa) dem Mannweiblichen (Hermaphroditischen).

Die Anlage zu dieser Allvollwesenheit Einer Menschheitsprache zeigt sich auch bei jedem Menschen, schon bei dem Kinde, in der Einen Gesammtheit geistleiblicher Gegenwirknisse gegen die All-um-leb-anwirknisse; es zeigen sich Geberden, Nachbilden der Gestalten, Nachbilden der Töne, andeutbildliche (symbolische) Handlungen; es wird dann späterhin alles Uebrige durch das Vorherrschen der Tonsprache zurückgedrängt.

Dass die Tonsprache zuerst ausgebildet worden, und auf sie die Tonschriftsprache bei den gebildetsten Völkern der Erde gefolgt ist, beweist nichts wider die Wesentlichkeit der Urschriftsprache und der übrigen Sprachen. Denn der Grund davon ist nicht darin zu suchen, dass die Tonsprache geistiger und zarter wäre, als die übrigen, sondern, dass sie dem persönlichen Umgange die angemessenste, ja dazu unentbehrlich ist, aber aus dem persönlichen Umgange erst diejenige Ausbildung des Menschen hervorgehen kann, die erforderlich ist,

---

(objektive), 2. die eigeninlebliche (subjektive) Grundtheilwesenheit (Element). So ist unsere Tonsprache auf das Eigeninlebliche vorzüglich gegründet, indem sie nicht sowohl die Dinge selbst, als des Geistes und Gemüthes Angewirktsein von denselben und Gegenwirken auf dieselben bezeichnet, und wird wesentlich von dem gemüthlichen und kraftäussernden Theile der Geberdensprache, sowie von dem Tonheitlichen (Musikalischen) des Tones unterstützt. Sowie die Tonsprache geschrieben, so kann die Zeichensprache dargeberdet werden,

um eine Urschriftsprache auszubilden. Die Tonschriftsprache dient dazu, um sich in der Nähe, vom Licht unabhängig, schnell zu verständigen. Da sich nun unter den europäischen Völkern der gesellige Umgang vorzüglich ausgebildet hat, so mussten auch sie vorzüglich die Tonsprachen ausbilden, dagegen die Geberdensprache, da sie in grösserer Ferne vernehmlich ist, auch im Nothfall, vorzüglich aber bei wilderen Völkern, die mehr im Freien leben, zumal ihrem roheren Theile nach, gebraucht wird. Doch auch und selbst bei uns ist die Geberdensprache mehr, als wir es selbst ahnen und wissen, im Gebrauch; denn sie tritt in ihren wesentlichen Grundtheilen unwillkürlich und ohne Bewusstsein ein.

Die Urschriftsprache ist zur höheren Ausbildung der Menschheit auch unentbehrlich und gewährt Vortheile, deren die Tonsprache und die Tonschriftsprache nicht fähig ist. Denn die Urschriftsprache trägt die Möglichkeit in sich, sich selbst zu erklären; die Tonsprache muss dagegen durch Urschriftsprache, oder Geberden- und Symbolsprache erklärt werden*). — Es lässt sich in der Schriftsprache mit Hilfe der Bildersprache ein Wortthum und ein Sprachgesetzthum (eine Grammatik) bilden, das sich vollendet selbst erklärt. Und dies ist ein wesentliches Werk der Menschheit. — Dann ist der Schriftsprache ein unendliches Feld der Zeichen in der Urform des Raumes eröffnet, das bei der Tonsprache in den Lauten der menschlichen Sprachglieder sehr beschränkt ist.

Anstatt in der Tonschriftsprache die Zeichen auf einer Fläche farbig darzustellen, kann man sie auch mit den Händen, oder mit einem Griffel in die Luft zeichnen; auch die Laute durch gewisse Stellungen der Finger, Hände, Zehen, des Mundes, der Arme, Füsse u. s. w., allein, oder mehrerer Glieder Bewegung vereint, ausdrücken. Diese Kunst ist für Taubstumme, für Gefangene, die nicht zusammen reden sollen u. s. w., wichtig. Bei den Römern bedienten sich Sklaven und Liebende einer Fingersprache; im Mittelalter die Mönche, die nach ihrem Gelübde nicht reden durften. Jetzt wird diese Sprache für Taubstumme angewandt. Allein diese Kunstsprache ist keine eigene Gattung, sondern nur eine Art Tonschriftsprache.

6. Noch höher steht die Symbolsprache durch bildliche Handlungen, wie z. B. das Händewaschen des Pilatus, das Abendmahl der Christen, die Taufe der Christen, Gnostiker, Juden. So mehrere Gebräuche der eleusinischen Mysterien, der römischen und mittelalterlichen Zünfte, der Freimaurer-

---

*) Diese Behauptung muss genauer geprüft, schärfer auseinandergesetzt und vor Missverstand und Einseitigkeit bewahrt werden.

brüderschaft*). Sie ist sehr schwer und noch wenig ausgebildet. Sie ist die geistigste und zur Poesie zu rechnen.

Alle die erwähnten Sprachen sind ihrem Eigenwesentlichen nach selbständig und müssen eigengesetzlich ausgebildet werden. Aber sie sind auch fähig, gliedbaulich sich zu
durchdringen, und, also vereingebildet, Eine allvollwesentliche
Sprache der Menschheit zu sein. Schon im heutigen Menschheitleben kommen Theilvereinigungen der verschiedenartigen
Sprachen vor, z. B. Tonsprache und Geberdensprache, Geberdensprache und Gleichnisshandlung-Sprache; ebenso können
Tonsprache und Urschriftsprache, Urschriftsprache und Sym-
bol- und Hieroglyphensprache vereingebildet werden. In der
Entfaltung der Sprachwissenschaft selbst wird der Gliedbau
dieser Sprachvereine genau entfaltet werden.

§ 3.
Umfang der Sprache als Gegenstand der Sprachwissen-
schaft, in Ansehung ihrer Intheile.

In sich selbst, in Ansehung
  im Wechsel- der Bestimmtheit
verhalte, z. B. des Zeichens in sich,
als Werkzeug des Zeichens als solchen,
der Schönkunst der Schönheit
        in Bezug
        auf
        Empfinden,
        Streben, Uranschaun
        Anschaun, Denken   Vorstellen
        Begriff
        Urtheil
        Urtheilganzes
            Denkvorstellen.

Das Sprachgebiet ist sehr ausgebreitet; schon die Kenntniss einer einzelnen Sprache. Bloss historische Kenntniss der
Sprache heisst Linguistik; in ihr erkennt man die Sprachen
rein so, wie sie zeitlich gewesen sind, sich umgebildet haben
und noch sind, ohne sie mit dem Sprachurbilde (der Urbild-
sprache) zu vergleichen. Ihr steht die Ursprachwissenschaft
oder philosophische Sprachwissenschaft gegenüber, welche das
Urbild oder das Ideal der Sprache erkennen soll und nicht
mit der urwesentlichen Erkenntniss der Sprache verwechselt
werden darf, sowenig das Sprachurbild mit der urwesentlichen Sprache; als welche Alles, Urbild und Zeitliches der
Sprache, zugleich umfasst. — Es gab bis hieher mehr Lin-
guisten, als Sprachphilosophen. — Beide Studien vereint haben

---

*) Siehe meine Schrift: Höhere Vergeistigung der ältesten Liturgie
der Freimaurerbrüderschaft, 3. Ausgabe, 1820, und: Die drei ältesten
Kunsturkunden der Freimaurerbrüderschaft, 2. Aufl., Dresden, 1819—1821.

noch Wenige in wahrer Ursprachlebwissenschaft (Ureigensprachwissenschaft). Nur von dem planlichen Arbeiten einer grossen Sprachforschergesellschaft lässt sich harmonische Ausführung der ganzen Sprachwissenschaft hoffen.

Ein Blick auf das, was jetzt geleistet wird, kann uns vielleicht zu einem Ueberblicke der Intheile der Sprachwissenschaft, also in einer bis hieher noch nicht betrachteten Rücksicht, — Anleitung geben. In der Erscheinung der Lexika, Grammatiken und Stilanleitungen scheint sich eine neue innere Eintheilung der Sprachwissenschaft anzukündigen*).

1. Lexika**), welche alle λέξεις, d. i. Wörter, zugleich aber auch φράσεις, d. i. Redarten, also den gesammten Wortschatz umfassen sollen, in lautlicher Urordnung und geordnet nach Stamm-, abgeleiteten und Sammwörtern, wobei die mit Recht veralteten von den wiederherzustellenden und neuen Wortbildungen, und letztere wieder unter sich nach verschiedenen Graden der Neuheit, unterscheidbar aufgestellt sein sollen, so dass der ganze geschichtliche Begriff der Sprache erschöpft wird. Die zeitherige Anordnung der Staben des Grundlautthums (Lautthums, Alphabetes) der Lexika ist willkürlich, weil Brustlaute und Grenzlaute durcheinander laufen. Man müsste also erst eine Neuordnung des Lautthums machen (ein neues ABC!), wo die Brustlaute voran gingen.

2. Grammatik***), d. i. Sprachlehre, Sprachregellehre, Sprachgesetzlehre, Sprachgliedbaulehre, Sprachgesetzthum. Wenn das Wortthum das Eigenlebliche der Sprache, den Sinn jedes Wortes und jeder Redart erklärt, so beschäftigt sich die Grammatik mit dem Allgemeinwesentlichen der Sprache, mit ihrem Gliedbau als solchem, mit den Wortformen und Gesetzen in der Verbindung ihres Mannigfaltigen zu einer Rede. Sie betrachtet nämlich alle Theile der Sprache, Laute, Lautganze, Wörter, Sätze, Satzganze (Perioden), sowohl jeden für sich, als auch in ihren Verhältnissen und Wechselbestimmungen unter sich und zum Ganzen der Rede.

---

*) Diese Vorträge wurden mit vielfältigen literarischen Nachweisen erheitert, welche aufzuschreiben, mir nicht anmuthet. Beständig wurde der gegenwärtige Zustand der Wissenschaft anschaulich gemacht, und Alles sokratisch entwickelt.

**) Lexikon stammt von λέγω, ich sage, λέξις, Sagniss, das, was man sagt; λεξικόν, was sich auf alle Sagnisse bezieht, und λεξικόν, nämlich σύνταγμα oder σύστημα, eine Sammlung aller Sagnisse, d. i. aller Wörter und Redarten (φράσεις, phrases, geordnete Wortganze); daher Phraseologie, Kenntniss aller Redarten.

***) Grammatik, von γράφω, ich schreibe, γράμμα, Schrift, Schriftzug, Stab, γραμματική, nämlich τέχνη, die Schriftkunde, Schriftlehre, Stabenkunde, Schreiblehre, hiernach im edleren Sinne: Sprachlehre, Sprachwissenschaft. In der Grammatik werden Wörter und Sätze bloss nach ihrem Allgemeinwesentlichen, nicht nach ihrem Eigenbestimmten (wie im Wortthume) betrachtet.

Die Grammatik betrachtet die Grundtheile der Sprache bis zu ihren höchsten Theilen, aber nur begrifflich, in ihren allgemeinwesentlichen Eigenschaften. 1. Die Laute in ihrer Verbindung zu Wurzeln; 2. die einzelnen Wörter als Theile der Rede, a) der Art nach, b) ihren Verhältnissen nach, worin sie als Theile der Sätze zu den Sätzen und zu ihren Nebensätzen stehen (welche durch Vorumendung, Inumendung und Endumendung bezeichnet werden); 3. die einzelnen Sätze, sofern sie aus Wörtern zusammengesetzt werden, welche a) flectirt sind, b) und in bestimmter Folge verbunden werden; die Beurtheilung der Verhältnisse, worin die Wörter als Theile der Sätze stehen, und welche Flexionen daher gesetzt werden müssen; 4. die Satzganzen (Perioden), Lehre vom Periodenbau, sofern die Satzganzen aus Sätzen und Wörtern bestehen. Dies ist bisher noch nicht in den Grammatiken abgehandelt. 5. Die Ganzen der Satzganzen, Abschnitte, Theile eines Buches u. s. w.

Der Name: Sprachlehre ist also für Grammatik zu umfassend, da Lehre überhaupt: Wissenschaft bedeutet; dagegen Sprachregellehre ist zu eng, weil nicht nur die Regeln in die Sprachlehre gehören, sondern die Sprache selbst in ihrem ganzen Allgemeinwesentlichen.

3. Anleitung zum Stil (Stilistik) oder die Kunstlehre, sich der Sprache (die man also schon lexikographisch und grammatisch kennen muss) zur Bezeichnung seines Eigenleblichen, seiner Gedanken, Empfindungen und Willenbestimmungen zu bedienen. Diese Wissenschaft setzt also die reine Sprachwissenschaft voraus, und von der andern Seite die reine Kunstlehre. Sie ist eine Kunstlehre, weil sie lehrt, wie man den gegebenen Stoff der Sprache zur Darstellung seines eigenen Geistlebens brauchen soll. — Sie ist daher eine Vereinwissenschaft, worin die Sprache in ihrem Verhältnisse als Werkzeug zur Kunst erkannt wird. Sie ist unentbehrlich an sich, wegen des in den Sprachen Vollkommnen, dann aber auch wegen des Unvollkommnen und Beschränkten der einzelnen Sprachen. Sie hat einen obersten allgemeinen Theil und folgt überhaupt in ihrem Gliedbau ganz dem Gliedbau der Sprachwissenschaft und zugleich dem Gliedbau der Kunstlehre. — Die Stilistik ist also zugleich zum Theil ein Wesentheil eines höheren Ganzen, als die Sprachlehre, nämlich der Kunstlehre; denn diese ist höher, als die Sprache, die nur ein einzelnes Kunstwerk ist.

Soll ein Mensch etwas Schönes, oder auch nur etwas Bestimmtes darstellen, so muss er sich davon zuvor innerlich ein Bild entwerfen, sowohl in Kunst, als in Wissenschaft. — Ein böser Mensch könnte nie von Tugend sprechen, wenn ihm nicht die Tugend Anderer zum Vorbild diente. Es kann ein Mensch eine Menge von schönen Redarten hersagen, ohne sie in sich selbst gebildet zu haben; ein selbst geistig Anschauender bemerkt jedoch dies bald, nicht aber, wer selbst nicht klar denkt und anschaut.

Wenn die Sprachwissenschaft, wie alle Wissenschaft, zuhöchst Einheit haben, wahrhaft Eine Wissenschaft sein soll, so muss auch über den erwähnten drei einzelnen Theilen in der Sprachwissenschaft ein höherer sein, worin erst diese Theilung begründet und verstanden wird.

Wer z. B. die Gesetze der Anschauung nicht kennt, sowohl an sich, als in Bezug des Gesichtpunktes dessen, zu dem geredet wird, und in Bezug auf die darauf berechnete Perspektive, der wird bei aller Sprachkenntniss keine gute Beschreibung, z. B. eines Hauses, leisten; wie wenn der Betrachter davor steht, und ich fange es von hinten zu beschreiben an. Oder wenn Jemand einen Hartherzigen rühren will, der gegen Alles, was gesagt werden kann, schon ein Verwahrmittel hat, und nicht den noch übrigen Zunder des Gefühles kennt, und wie ein Funke hineingeworfen, angeblasen und daran eine Flamme entzündet werden muss, der wird, bei aller Sprachkenntniss, nichts über jenen vermögen.

Sprachwissenschaft		Kunstlehre
nach dem Gliedbau eingetheilt als ganzer Sprache		Allgemeine Kunstlehre, als Ein Intheil derselben: Redekunstlehre.
Wortthumlehre (Lexikologie).	Sprachlebenlehre (Organologie der Sprache, Sprachgesetzlehre = Grammatik).	

Wortlebenlehre
(Verein der Lexikologie und Grammatik).

Sprachredekunstlehre, d. i.
Wissenschaft der Sprache als Wirkwesen
(Werkzeug) der Redekunst (Stilistik, praecepta
stili, Anleitung zum Stil).

§ 4.
Ueber den Begriff der Sprache und den Grundriss (das Gliedbaubild) der Sprachlehre.

Wenn wir das Gesagte zusammenfassen und uns so der einzelnen Eintheilgründe bewusst werden, sie dann allfolgebildlich, netzförmig vereinen, so entsteht uns ein Bauplan der Sprachwissenschaft, welche anzuschauen, der Zweck jeder Einleitung in die Sprachwissenschaft sein muss. Freilich werden wir, wie ein Baumeister, oder Maler, erst in einer Skizze nur die Haupttheile angeben; denn die weiteren untergeordneten

Bestimmungen und dadurch gegebenen Theile werden sich während der Ausführung von selbst darstellen, da sie aus (in) den allgemeinen hervorgehen. Unser erstes Bestreben muss dabei immer sein, den Begriff der Sprache selbst vollwesentlich und klar anzuschauen, und in diesen Anschauungen die Intheile der Sprache anzuschauen.

1. Eintheilgrund, dem Gegenstande und dessen Inbegrenzungen nach: allgemeine Sprachwissenschaft und besondere. Die allgemeine umfasst das Allgemein- und Erstwesentliche jeder Sprache a) als Sprache überhaupt, ohne auf die Art des Zeichens zu sehen, und b) als bestimmter Sprache, und c) als eigenleblicher Sprache überhaupt. Kenntniss der Sprache als Bezeichnung des Vorstellens, Empfindens und Strebens (des ganzen Geistlebens). Die Kenntniss der Sprache als Sprache oder des Allgemeinwesentlichen der Sprache. Die besondere theilt sich nach Art der Sprachen.

2. Eintheilgrund, dem Gliedbau nach: als ganze Sprache noch über und vor aller Intheilung; man erkennt die Intheile noch nicht für sich einzeln; nach dem Wortthume, nach den Lebengesetzen und nach beiden vereint.

3. Eintheilgrund, nach dem Wesenkreise der Sprache: urwesentliche Allsprache des Urwesens*), als Idee, als urbildliche Sprache im Geiste, Vernunftsprache, als Natursprache, und beides vereint als Vernunftnatursprache, deren innerster Theil die Menschheitsprache.

4. Eintheilgrund, nach der Erkennquelle: urwesentliche, urbildliche, eigenlebliche und urbildeigenlebliche. In der urwesentlichen Sprachlehre wird noch nicht das Urbildliche dem Zeitleblichen entgegengesetzt, noch nicht das Wesentliche der Sprache auf wirkliche Sprachen bezogen; es wird bloss bestimmt, wie die Sprache als Sprache ist, ohne ein Urbild, oder eigenlebliche Sprachen vorauszusetzen.

5. Eintheilgrund: reine und vereinte (angewandte) oder bezugliche, auf das ganze Urallleben in allen seinen Theilen, oder auf irgend einen einzelnen Theil der Verrichtung des Menschheitlebens; wie auf die Redekunst (Stilistik), auf die Wissenschaft (Theorie der wissenschaftlichen Sprache), auf die Musik, Dramaturgie, auf beschränkte Zwecke, z. B. Verborgenheit (Kryptographie), Zeitschnelle (Tachygraphie), Raumenge (Stenographie), Selberklärlichkeit (Pasigraphie) u. s. w.

Hat man diese Tafel wohl gefasst, so kann man jedem Theile der Sprache nach ihr sogleich seinen Ort anweisen.

In der Tonsprachlehre, als Theil der besonderen Sprachlehre, werden zuerst die Töne betrachtet, bloss, sofern sie im Allgemeinen eine Zeichenwelt für das Vorstellen, Empfinden und Streben

---

*) Das Urwesen redet mit der Menschheit. Offenbarung.

sein können. — Der Begriff der allbesonderen Sprachlehre wird durch das Beispiel des Menschenleibes fasslich werden. Das Leben aller Glieder und Gefässe weist hin auf einander und auf Ein gemeinsames Leben des ganzen Leibes, worin jene alle leben, und von welchem das Leben der einzelnen Theile sich nur durch die Begrenzung, nicht der Wesenheit nach, unterscheidet. Betrachtet man z. B. die europäischen Sprachen, so sind sie schon sehr verschieden; allein mehrere derselben stammen von verschiedenen älteren Stammsprachen ab, z. B. von der römischen, gothischen, keltischen, finnischen, baskischen, welche letzteren selbst wiederum etwas Gemeinsames haben als europäische Sprachen, und diese wiederum mit den asischen, welche wiederum als Aeste Eines Stammes sich erweisen, die sich wiederum theilen. Eine solche Betrachtung der Sprachen wäre eine allbesondere. Diese Wissenschaft sollte man in vielen Büchern erwarten, welche unter dem Titel: allgemeine oder vergleichende (komparative), philosophische Sprachlehren, Vergleichungen mehrerer Sprachen, und zwar in Hinsicht ihres Gemeinsamen sowohl, als Eigenbestimmten enthalten. Allein sie sind noch allzu dürftig, beschränken sich noch auf zu wenige Sprachen, sind einseitlich, und das bloss Geschichtliche überwiegt darin.

Nach diesen einzelnen Rücksichten lässt sich eine entfaltete (evolvirte) Tabelle bilden, wornach sich dann ein vollständiger Plan der ganzen Sprachwissenschaft ergiebt. Dieser dient zugleich als Topik für jeden einzelnen Gegenstand. Wenn z. B. gefragt wird, wohin das Problem gehöre: anzugeben, was jeder von den durch die empirisch erkannten Sprachglieder erzeugbare einfache Laut nach seinem Wesentlichen bezeichnen könne und solle, so ist dieses Problem ein Theil der reinen, theils eigenleblichen, theils urbildlichen, wortthumlichen, sprachgesetzthumlichen und wortsprachgesetzthumlichen menschheitlichen Tonsprachwissenschaft.

Soll ferner bestimmt werden, was für ein Theil der Sprachwissenschaft die Aufgabe löst: anzugeben, welche Versmasse welchen Dichtarten entsprechen; z. B. warum der gesetzfolgliche, einheitliche Hexameter, mit der höchsten Freiheit der Abwechslung der zweisilbigen und dreisilbigen Füsse, dem Alllebengedicht (der Epopöe) so geeignet ist, worin sich in endlichem Bilde das Allleben spiegeln soll u. s. w., so gehört dieser Gegenstand in die Vereinsprachwissenschaft, setzt einen rein sprachwissenschaftlichen, urwesentlich gedachten, sprachgliedbaulichen tonsprachlichen Theil und einen kunstlehrlichen voraus, welche nur vereint das Problem lösen. Ebenso, wenn untersucht werden soll der Gliedbau aller Redetheile im Allgemeinen, so ist dies dann erst im Besonderen anzuwenden auf Tonsprache, Schriftsprache u. s. w.

Aufstellung dieser Eintheilgründe für allfolgebildliche Entwickelung.
Die Sprachwissenschaft ist nach

dem Gegenstande	dem Sprecheuden	der Erkenntniss-quelle	dem Gliedbau	in Ansehung der Zeichenheit	in Ansehung der Zeit	in Ansehung der Formen	in Ansehung der Kraft	in Ansehung der Verhaltheit
1. allgemeine, a) jede Sprache als Sprache, b) als bestimmte Sprache, c) als eigenthümliche, 2. besondere,	a) dem Urwesen, b) der Vernunft, c) der Natur, d) der Natur-vernunft, und in dieser der Menschheit,	1. urschauend, ur-wesentlich, ohne Gegensatz des Ewigen und des Geschichtlichen, 2. urbildschauend (ewigschauend*), 3. lebenschauend (geschichtlich), 4. urbildlichen-schauend (ur-bildgeschicht-lich),	1. als Ganzes, 2. dem Wortthume nach, 3. dem Gliedbau nach (dem Sprachge-setzthume, dem Sprachallthume, Sprachallwesen-thume) nach (sprachgesetzlehr-lich), 4. dem Wortbau nach, wie er verein-bestimmt ist mit den Gliedbauge-setzen (theils von der einen Seite im Lexikon, durch-webt mit sprach-formlehrlichen Be-merkungen; theils umgekehrt in der Sprachformlehre, durchwebt mit wort-thümlichen Bemerkungen, wie sie sich im Ganzen Sprachtheile, sofern wechselbestimmen.	1. das Zeichen in Ansehung sei-nes Eigenwe-sentlichen, rein in sich selbst betrachtet, 2. das Zeichen als solches, a)in Ansehung dessen, wo-durch es be-zeichnet, b)in Ansehung dessen, was es bezeichnet, c)a und b ver-eint. 3. Beides vereint.				1. reine (selbststän-dige), 2. vereinte, ange-wandte, verhalt-liche (entweder angewandt auf Wissenschaft, oder auf Kunst), 3. reine und ver-einte in Wech-selbestimmung, a) reinvereinte (invereinte), b) vereintver-eint(aussen-einte).

A) nach der Art der Zeichen,

a) Tonsprache,
b) Urschriftspra-che,
α) durch Zeichen,
β) durch Bilder,
c) (Geberdenspra-che,
d) Symbolsprache und deren All-vereine,
3. allgemeinebeson-dere oder allbeson-dere, gewöhnlich komparative Lingui-stik, wohlauchallge-meine, wohl gar phi-losophische Sprach-wissenschaft ge-nannt.

B) nach der Sphäre, woraus d. Zeichenwelt, an sich, genommen, u. worin sie dargestellt wird.

*) Das ist der Urbegriff der Sprache, dargebildet (schematisch construirt) zu dem Urbilde der Sprache (zu dem Ideale der Sprache). Schematisch (andahm-bildlich) erläutert durch wirkliche Sprachen, am besten durch die reinsprachwissenschaftlich entworfenen sogenannten Allgemeinsprachen (Pasigraphien). Dann am besten durch jedes Volkes Muttersprache, oder durch das Griechische, das Sanskrit u. s. w. Nur muss man dabei, z. B. das Griechische nicht mit dem Ideal verwechseln, son-dern a) sein Urbildwidriges anerkennen, b) nicht vergessen, dass sie im alten echten Geiste fortgelebt hätten, noch ihre Sprache vollwesentlicher stetig fortgebildet haben würden; da diese Sprache fortbildbar ist. So ist es zum Theil auch mit dem Lateinischen! Den 20. Januar 1815.

Erster Theil der Sprachwissenschaft.

§ 5.

Urwesentliche Erkenntniss der Sprache als ganzer.

Es ist also zuerst zu untersuchen, was Sprache als solche ist, urwesentlich, ohne noch das Ewige dem Zeitlichen entgegenzusetzen, und ohne die Art der Sprache zu bestimmen; mithin als ganzer im Allgemeinen und als selbständigen Wesens. Die Urwissenschaft setzt für den endlichen Geist voraus, dass er sich durch reine Selbbeobachtung zu der Anschauung des Urwesens erhoben habe. Und es ist in der reinen Vernunftwissenschaft bewiesen worden, dass die reine Selbbeobachtung durch alle einzelnen Theile der Wissenschaft stetig hindurchgehe. — Ferner ist gezeigt worden, dass, nach Vollendung der allgemeinen reinen Vernunftwissenschaft, der Darstellung der Urwissenschaft noch vorhergehen müsse die rein aus Selbbeobachtung erkannte Sprachwissenschaft, sowie auch die ebenso erkannte Wissenschaftlehre (das Organon), damit der Geist ein zeichenliches und thätigkeitliches Werkzeug (organon formale) der Darstellung für die Urwissenschaft erhalte, welches dann selbst indurch die Urwissenschaft und fernerhin durch jede einzelne Wissenschaft weiter ausgebildet werden soll und werden wird. Unter dieser Betrachtung ist sowohl die urbildliche, als die geschichtliche inenthalten.

Ueber die Art, wie hier die Untersuchung geführt werden soll. Erläuterungen aus ewiger, zeitleiblicher, ja leibsinnlicher Geistwelt. Aber nicht Beweise!

Soll die Frage: was ist Sprache? — für uns Sinn haben, so muss sie so ausgedrückt werden: beobachte dich selbst, und siehe, wie du dich als Sprechender findest, d. i. wie du dich als Einthätiges selbst bestimmst, indem du sprichst. — Es ist die Sprache nicht ein Selbwesen, sondern eine Gesammtheit von Bestimmung einer von meinen bestimmtartigen

Thätigkeiten, untergeordnet mir als Einthätigem und durch meine Einthätigkeit bestimmt. Die Sprache ist ein Geistwerk, und zwar nur ein Theilwerk des Geistes, neben anderen Werken desselben; sie ist ein Intheil des Einen Geistlebens, sowie des Einen Menschlebens und Menschheitlebens Zuvörderst, ich als ganzes Wesen bin nicht sprechend oder redend, sondern nur als eine bestimmte Thätigkeit. Alle meine bestimmte Thätigkeit wird bestimmt durch den Willen, also auch diejenige bestimmte Thätigkeit, als welche ich sprechend bin. Aber meine Thätigkeit als Redender ist nicht die des Wollenden selbst, sondern nur durch den Willen bestimmt.

Wir wollen zunächst untersuchen, in welchem Verhältnisse ich, als im Sprechen Thätiges, zu mir selbst bin, sofern ich anschauend thätig bin; d. i. wir wollen das Verhältniss der Sprache zur Anschauung erforschen.

Indem ich überhaupt anschaue, finde ich meine Thätigkeit beschränkt, ohne dass die Ursache meiner Beschränkniss in mir selbst als bewusst Wollendem ist; ob aber die Ursache davon eine bewusstseinlose Handlung meiner selbst, oder ein anderes in mich einwirkendes Wesen ist, das ist eine Frage, die hier nicht erörtert werden kann. Indem ich anschaue, finde ich mich von irgend einem Wesen so beschränkt, dass ich fühle oder finde, dass das Wesen ist, und was es ist. Dies Wesen kann ein anderes sein, als das Anschauende, oder auch das Anschauende selbst, sowie auch ich mich selbst anschaue. Damit angeschaut werde, müssen also immer zwei Wesen, oder dasselbe Wesen in zwei verschiedenen Rücksichten da sein. — Sobald meine Freithätigkeit durch ein Hinderniss angewirkt wird, wovon sie sich nicht als Grund findet, bildet sie sich Anschauung. — Im Anschaun wird die Beschränkniss meiner Thätigkeit aufgefasst, wie sie ist, sie sei es nun, wodurch sie wolle. Bei jeder Anschauung ist also Anwirken und Gegenwirken da, und das Empfangende, in sich die Anschauung Bildende, muss frei gegenwirken. — Meine Anschauung ist also eine Bestimmniss meiner Freithätigkeit, welche durch ein freithätiges Gegenwirken dieser meiner Freithätigkeit gegen die Anwirkniss (Einwirkniss) irgend eines Wesens zur Anschauung wird. Indem Einer mir sagt: „Hier ist ein Baum" — ohne dass ein solcher wirklich da ist, so schaue ich zuvörderst diese Schallreihe an. Meine Thätigkeit, welche das Hören hervorbringt, wird hier durch bestimmte Bewegungen des Organs, womit man spricht, in ihrer Freiheit gehindert. Allein bei dem Hören, d. i. bei dem Anschauen der Schälle, lasse ich es nicht bewenden, sondern die Thätigkeit, die durch die Töne begrenzt wurde, reizt andere Thätigkeiten, welche in mir das Bild des Baumes hervorbringen. Was hier die Luft, als schallend, für die Tonsprache, das ist das Licht für die Schriftsprache. Allein die Tonsprache soll uns noch ferner als erläuterndes Beispiel dienen. — Hörte ich einen Hottentotten, dessen Sprache ich nicht verstehe, so bleibt meine Anschauung bei den Schällen stehen, wie bei der Musik, die, als solche, bloss als Tonreihe angeschaut wird, obgleich an sich noch weit mehr in ihr liegt. Aber das Gesprochene ist nicht bloss als Schall da, es soll nicht bloss als Schallreihe angeschaut werden. Um das Gesprochene, als solches, zu verstehen, muss man selbst schon gesprochen haben; man muss das Sprechen des Andern mit dem seinigen vergleichen und dadurch eigentlich wahrnehmen, dass es gesprochen ist. Hört man den Andern sprechen, so spricht man es also eigentlich sich selbst vor, und dieses nur schaut man an. Indem ich zu einem Andern rede, beabsichtige ich, dass dieser seine Thätigkeiten auch auf das richte welches auch ich inlich anschaue (inanschaue). Da wir uns nun wechselseitig nicht inlich sehen können, so dient die Sprachschallreihe zur Vermittelung. Das, wovon wir reden, mag nun in dem Kreise unserer gemeinsamen Aussenanschauung jetzt, oder jemals da sein, oder nicht. Bei dem Sprechen beschränken wir also mittelbar, durch die Sprachschallreihe, unsere verschiedenen Thätigkeiten und bestimmen sie auf gleiche Art, ob wir gleich dabei unsere gegenseitigen Inanschauungen nicht unmittelbar benutzen können. Indem ich spreche, ist eine Reihe von Anschauung in mir, wovon ich spreche. Die Anschauung ist also bei dem Sprechen das Erstwesentliche. — Aber das Sprechen selbst, oder vielmehr das, worin (womit) ich spreche, ist selbst eine Reihe von steter Anschauung, sei es nun ein Ganzes von Schällen, oder von Schriftzeichen. Es sind also in mir, indem ich rede, zwei Reihen von bestimmt begrenzten Thätigkeiten und von steten Anschauungen gleichzeitig da. Und indem wir als Menschen zu einander sprechen, wird die eine von diesen beiden Reihen uns gemeinsam, während die andere uns in unserem jetzigen Zustande unzugänglig und einem Jeden der Mitsprechenden eigenleblich ist. Diese beiden Reihen von Thätigkeiten und Anschauungen sind wechselvereint, und bloss in dem Verein beider geht hervor, was wir Verstehen nennen.

Allein daraus, dass dies jetzt die Grenze unserer Mittheilung ist, folgt nicht, dass sie es immer sein werde. Schon in den Erscheinungen des thierischen Magnetismus dämmert uns ein neues Licht, ein Erweis, dass noch Leibsinne in uns schlummern.

Um uns diesen Gegenstand deutlicher zu machen, müssen wir erst eine jede der erwähnten beiden Reihen für sich allein betrachten, was jede für sich selbst ohne die andere

ist, um sie dann auch in ihrer Wechselbeziehung zu erkennen.
Zuerst also die Reihe, wodurch wir reden, dann die, wovon
wir reden. Und zwar wollen wir die Tonsprache zum Beispiel
nehmen und das Gefundene auf die übrigen Arten der Sprache
anwenden. Die Tonsprache ist eine Reihe von gesetzfolglicher Inaussenbewegung des Leiblichen, d. i. der schallende
Körper wird im Innern bewegt, verändert nicht, als ganzer,
seine Stelle; aber diese Inbewegung ist nicht rein, wie bei
der Wärme, sondern zugleich mit einer äusseren Bewegung
der symmetrischen Theile des Ganzen verbunden, wie die
Akustik lehrt. Die Saite bewegt sich, von aussen gereizt, von
innen nach aussen, sich selbst als selbständig gliedbaulich
getheiltes Ganzes. Nicht bloss von flüssigen Körpern gilt die
Schallfähigkeit, sondern und zuerst (in gewisser Hinsicht) von
starren; z. B. eine gespannte Klaviersaite wird bei ihrer
wellenförmigen Inaussenbewegung länger, also inausgedehnt,
sie verhält sich also schallend als flüssig. Aber, ob die
schallenden Körper in der uns allen gemeinsamen, gemeinhin
wirklich und äusserlich genannten Natur wirklich Dinge ausser
uns sind, oder nur unser gemeinsames, geselliges Werk, das
kann hier nicht entschieden werden. Allein genauere Be-
obachtung zeigt, dass nur das Ohr, als das eigens dazu gebildete Glied unseres Leibes, es ist, dessen gesetzfolgliche
Schallbewegungen der Geist wahrnimmt und, unterstützt von
dem Sinne des Gefühls und des Gesichts und von dem
schliessenden Verstande, auf diejenigen Körper überträgt,
welche, selbstschallend, den Schallbeweg unserm Ohre mittheilen. Jedermann sagt: „Dies Instrument klingt schön",
und sollte doch sagen: „Unsere Ohren klingen schön, von
einem Instrumente in Mitschallbeweg gesetzt". — Dass ich
weiss, dass dieser Aussenkörper diesen Schall in meinem
Ohre hervorbringt, schliesse ich im Ganzen daraus, dass ich
selbst Schälle hervorbringen kann, mir aber bei dem gehörten bewusst bin, nicht die Ursache davon zu sein. — (Der
Idealist wird sagen: dass ihr in der Auslegung übereinstimmt,
ist nothwendig, denn die Aussenwelt ist ein gemeinsamer
Traum, den ihr gesellig träumt, und wozu Jeder gleichgesetz-
lich theilwirkt.) Auch helfen zur Auslegung des Gehörten
die übrigen Sinne, vorzüglich Gesicht und Gefühl, mit. For-
schen wir aber selbbeobachtend noch tiefer, so finden wir,
dass nicht einmal der Schallbeweg des Ohres es ist, den wir
wahrnehmen, sondern, dass das im Ohr Abgebildete erst zu
dem Geiste gelangen muss, der über den Sinnen erhaben und
frei lebt, wo nicht das Gehörte für mich ein blosser Schall
bleiben soll; das von mir Gehörte ist also eigentlich ein
diesem gemäss durch Selbthätigkeit des Geistes gebildeter
Schallbeweg in der innern, jedem Vernunftwesen eigenthüm-

lichen Leibwelt (ein Geistschallbeweg wie im Traume). Denn,
wenn der Geist nicht also das im Ohre Schallende nachbildet
(oder das im Ohr Abgebildete nicht nachahmt), sondern
anders beschäftigt ist, so hört er nicht, was um ihn gesprochen
wird. Ebenso bei dem Sehen! Ebenso muss der Sprechende
alles, was er äusserlich redet, sich erst innerlich vorsprechen
und dem innerlich Gesprochenen gemäss aussprechen. So
vielfach ist die Uebertragung aus einem Lebenskreise in den
andern, ehe ich höre.

Könnten wir uns nicht leibsinnlich einander mittheilen,
so vermöchten wir es nach unserer jetzigen leiblichen Beschränktheit nicht, von unsern Inanschauungen wechselseitige
Kunde zu erhalten, da wir nicht unmittelbar in unsere innere
Eigenlebenwelt hineinschaun können. Für uns also ist Sprache
zur Mittheilung unentbehrlich nothwendig. Allein wir würden
voreilig sein, wenn wir diesen Umstand als eine allgemeine,
wohl gar als erstwesentliche Bestimmung der Sprache überhaupt ansehen wollten. Wir können freilich jetzt nicht als
reine Geister miteinander umgehn; allein wir ahnen doch die
Möglichkeit davon, da wir auch jetzt uns alles im Geiste
vorsagen müssen, was wir reden, und alles im Geiste nachbilden. Im inwachen (lebenmagnetischen) Zustande hört der
Somnambule Worte seines entfernten Magnetiseurs; es ist die
Frage, ob bloss leibsinnlich. — Andere Wahrnehmungen eben
dieses Zustandes scheinen auf ein unmittelbares Hineinschauen
in die Phantasiewelt der im magnetischen Lebevereine Stehenden
hinzudeuten. — Gesetzt nun, ein reingeistiger Umgang wäre
möglich, so bedürften wir keiner leibsinnlichen Sprache, weder
der Ton-, noch der Schrift-, noch der Geberdensprache; so
wäre zwar Sprache nicht in unserm Sinne nothwendig, aber
sie könnte dann noch in sich selbst nothwendig sein, und es
wäre möglich, dass wir auch dann noch, ob wir gleich das
Bezeichnete selbst wechselinschauten, eine gemeinsame Sprache
dafür bildeten, deren Reihe wir dann noch wechselinschauten
neben den Reihen des dadurch Bezeichneten. Sowie z. B.
jetzt Musiker sich einander nur durch leibsinnige Werkzeuge
mittheilen können, und ein Musiker, auch wenn er nicht gehört wird, tonspielt, so vielleicht auch mit der Sprache. Die
innere Sprache würde dann vielleicht nur freier, reiner,
schöner hervortreten und einen Reiz mehr dadurch gewinnen,
da man das Bezeichnete, in die Geistwelt des Anderen ein-
schauend, zugleich damit vergleichen könnte. Es ist also
nothwendig, dass wir das Reinwesentliche der Sprache auf-
suchen, abgesehen von ihrem Gebrauche und Nutzen, und
untersuchen, ob im Geiste selbst, als freithätigem, ein ewiger
Grund, eine Selbnothwendigkeit ursei, weshalb er spricht und
sprechen muss, selbst wenn ihn Niemand hörte, wenn er sich

Niemandem mittheilen könnte. — So spricht der Begeisterte,
der magnetisch Inwache, der Leidenschaftliche (in Liebe,
Zorn, Gefahr, Angst, Verzweiflung, Forschung u. s. w.) schon
in unserem jetzigen Lebenskreise, es mag ihn Jemand hören,
oder nicht.

Ferner bestätigt sich durch das Untersuchte, dass das
Sprechen eine Reihe gesetzfolglich gehemmter Selbthätigkeit
ist, nämlich der das Innerlich-Leibliche (z. B. im Traume) in-
aussenbewegenden Thätigkeit. Nur dadurch wird ein Schall
ein Schall für uns. Nur dann wird gehört, wenn der Geist
die Hemmung dieser inneren Selbthätigkeit in sich findet;
nur dann wird gesprochen, wenn der Geist sich so innerlich
selbst beschränkt und demgemäss, wie er es sich inlich vor-
gesprochen, es auch leibsinnlich ausspricht. Wie letzteres
möglich ist, zu erklären, gehört nicht hieher; ist aber eine
wesentliche Aufgabe.

Ein völlig Aehnliches findet sich über die Urschriftsprache, die Geberden- und jede andere Art von Sprache.
Ja es gilt dies ganz allgemein von jeder Sprache. Hierdurch
ist uns der fernere Gang der Untersuchung vorgeschrieben.
Wir sehen, dass wir richtig gefragt, da die äussere Sprache
doch für uns nur als innere vorhanden ist, und die Frage ist
jetzt deutlicher und klarer bestimmt.*)

Schon im gemeinen Leben, noch mehr aber in der Schön-
rede und in dem Gedichte, zeigt sich die Spur, dass von der
Sprachreihe als solcher mehr, als Nützlichkeit, mehr, als Be-
friedigung des Bedürfnisses der Mittheilung gefordert wird;
nämlich, dass sie an sich selbst etwas sein, Inwerth oder
Inwürde haben solle. Höre ich etwas in italienischer, fran-
zösischer, spanischer Sprache reden, oder lesen, auch ohne es
zu verstehen, so nehme ich eine Art von Musik wahr in
Worten, Lauten, — Sätzen; in Höhe und Tiefe, in Helle und
Dunkle der Töne. Hierdurch schon hat die Sprache Selb-
schönheit, — Inwürde. Selbst noch im Deutschen, bei aller
Härte dieser Sprache, würde der sie nicht verstehende Aus-
länder noch ein Aehnliches wahrnehmen; mehr jedoch in den
Klangmassen, als Ausdruck des Satzthumbaues (Perioden-
baues). Dieselbe Forderung der Schönheit ergeht auch an
jede andere Sprachart; z. B. an die Urschriftsprache (Pasigraphie). Die von Wilkins und die von Maimieux (die ver-
gleichweise noch am meisten wohlgestalteten Versuche) er-
mangeln der hierin gar wohl möglichen Vollkommenheit
(Wesengemässheit). Selbst in der Stenographie wird so etwas

---

*) Gang der Untersuchung: aufwärts! erhebend! ähnlich der wirk-
lichen Zeitentfaltung der Sprache des Kindes, der Völker, der Menschheit. Am Schlusse können wir umkehren, wie es die ewige Ordnung
verlangt!

verlangt, man vergleiche die Notas Tironianas, die Stenographie Horstig's, Wilkins', Bürmann's (wovon Proben in
dem Journale für Freimaurer, Mannheim 1809. 1 St.) und
Anderer, auch die von mir entworfene. Die ägyptische Hiero-
glyphenschrift enthält ohne Noth viel Hässliches, Leben-
widriges. Die sinesische Urschrift hat dagegen Einheit und
Eigenwohlgestalt, obwohl noch wesenwidrige Willkür bei
Mangel der All-uranschauung der Dinge.

§ 6.

Um nun die uns nächste Aufgabe, ob die Sprache urwesentlich, auch abgesehen von der Nothwendigkeit, oder
dem Vergnügen der Mittheilung, in der Menschheit, — und
in der Geistheit gegründet sei und eben zuerst aus einem
solchen Grunde stetig gebildet werde, und ob der Mensch sie
bilden würde, auch wenn er nicht so, wie wir, durch den geselligen Umgang dazu gezwungen würde, — leichter zu entscheiden, wollen wir uns einen Menschen, noch ohne Sprache,
aber geistig und leiblich thätig, mit offnen Sinnen und mit
regem Gemüthe, in einem gemässigten Himmelstriche, aber
abgesondert von jeder geistigen und menschlichen Sprach-
mittheilung, denken. — Wenn er schon unter redenden Menschen gelebt und die Sprache derselben erlernt hätte, so
würde er freilich unvermeidlich diese Sprache fortreden. —
In unserem Falle aber, wo wir uns einen ersten Menschen
(Adam) denken, oder ein ausgesetztes Kind, würde jedenfalls
die Sprachentwickelung langsam fortgehn; denn wir sehen an
jedem Kinde und in der Geschichte an ganzen Völkern, wie
schwierig hierin und wie langsam der Fortschritt. Unsere
deutsche Sprache ist ein Werk von 4 bis 5 Jahrtausenden,
und von mehreren tausend Millionen Menschen, deren Verstand, Phantasie und Gemüth fortschreitend mitwirkte, und
wie unvollkommen ist sie noch jetzt! — Doch, wie viel Wesentliches leistet sie auch wirklich schon! — Auf der Höhe,
wohin mich mein Vatervolk durch seine Sprache gehoben,
kann ich ureigenkraftig über es selbst zum Urbilde der
Sprache mich erschwingen, seine Sprache würdigen, tadeln,
verbessern; aber undenkend und undankbar wäre ich, wenn
ich jene Hilfe vergässe! — Das feinsinnige Volk der Hel-
lenen bedurfte 2000 Jahre, um seine Sprache eigenschön
so auszubilden, dass ein Platon solche Schriften gestalten
konnte!*)

---

*) In den Vorlesungen des Hofrath Schütz zu Jena (1797) hörte
ich, dass einige deutsche Gelehrte mit armen Kindern einen Versuch
machen wollten, ob sie für sich selbst Sprache, und welche Sprache sie
erfinden würden. Mit Recht gestattete Friedrich der Grosse dieses nicht;

Schon der Stein bestätigt, wenn er gerührt wird, durch
den Gegenstoss und durch sein Inaussen-Erzittern tönend
sein Inleben, gleichsam sein Ingemüth; so die Memnonsäule
bei den ersten Strahlen der Morgensonne! Sollte das allharmonische Naturleben, der Menschleib, unerregt bleiben
bei der Einwirkung des Lebenspieles der Allnatur (auch
ohne dass er unmittelbar hineinschaute in eine innere Welt
eines reinen Geisterreiches)? Er ist geistthätig; jedes Leib-
glied ist eine Sphäre organischer Thätigkeit; er kann geistig
und leiblich nie rasten. Aber alle seine geistigen Thätigkeiten
werden angeregt, auf bestimmte Weise beschränkt, befördert,
durch die unendlich gestaltigen Einwirkungen der ihn umlebenden Natur. Es weht der rauhe Morgenwind ihn an in
der Düstre des grauenden Morgens; er zittert im Frost, unwillkürlich ertönen Laute, die die Stimmung seines Gemüthes
und die Leiden seiner Glieder begleiten — und er erleichtert
sich so den Schmerz, weil seine Thätigkeit dadurch gegenwirkt und die Beschränkungen überwindet. Nun vergoldet
die Morgensonne die Gegend, verbreitet auch über ihn Wärme
und Leben; seine Thätigkeiten werden geweckt, ihr Spielraum
erweitert, erleichtert; er freut sich innig, und seine Thätigkeit erwidert diese Einwirkung durch ein neues, ihm eigens
antwortendes Aufstreben. Er jubelt, und seine Freude wird
dadurch erhöht. Er jubelt, ohne zu bedenken, ob es ein
Mitfühlender hört. Ein wildes Thier nahet sich ihm, ver-
wundet ihn: sein Angstschrei und seine Klagen ertönen. —
Dies der erste, unvermeidliche Ursprung der Sprache, wo sie
sich als selbständige, selbwürdige Gegenäusserung der Allin-
thätigkeit des Menschen erweist, wodurch sich sein Leben und
dessen freie Kraft äussern muss, sowahr er urthätig ist.

Auch äussert sich die Gegenwirkung des Menschen nicht
bloss durch den Theil des Nervensystems, welcher die Brust
und die Sprachglieder bewegt, sondern auch durch alle anderen Theile des Nervenbaues (Nervensystemes), welche dem
Willen gehorchen, gegenwirkt er, z. B. durch die Gesichtnerven,
durch Bewegung des Auges, des Ohres, der Nase, der Lippen,
der Wangen; durch Stellung und Bewegstellung (fliessende
Stellung) seiner übrigen Glieder, der Hände, Arme, Schenkel,
Füsse. Selbst in dem scheinbaren Erstarren und Stillstehen vor
Schreck, z. B. bei dem Anblicke eines reissenden Thieres, ist
Gegenwirkung. Denn zum Aufrechtstehn gehört Kraftäusse-
rung; auch darin also bewährt sich die Thätigkeit. Nur in

---

denn was berechtigte diese Wissbegierigen, Kindern die hohe Wohlthat der
schon gebildeten Sprache Jahre lang vorzuenthalten? Zumal, da jedes
Kind diesen Versuch vor unsern Augen wiederholt, und die ungebildeten
Völker der Erde ihn selbst in grösserem Massstabe in vielen verschiedenen Perioden wirklich darstellen.

der Ohnmacht vor Schreck, oder Freude erliegt sie äusserlich; es ist aber die Frage, ob dann auch die Geistthätigkeit. Wir sehen also hier zugleich die ersten Anfänge der Tonsprache und der Geberdensprache, ohne Sonderung und ohne bewusste Kunst. Die so entstandenen Töne werden nun nach und nach ausgebildet; jedoch nur langsam und in Mitwirkung Vieler. Sehen wir bloss auf das wechselseitige Verständigen, so müsste es völlig gleichgelten, ob die Sprache schönklingend, wie die italienische, spanische, französische u. s. w., oder übelklingend, wie die der Südseeinsler, wenn sie nur recht deutlich bezeichnete. Allein das Folgende wird lehren, dass eine rohe Sprache nicht deutlich bezeichnet, sondern nur eine schöngebildete und schönlautige. Die einzelnen Töne schon einer schönen Sprache müssen schön sein, sie müssen in schöne Lautganze (Silben) zusammengestellt werden, jeder Satz, jedes Satzganze muss ein schönes Ganze in Ansehung des Klanges sein. Auch ohne die italienische Sprache zu verstehn, empfindet man das Schöne ihrer Klänge. Eben diese Forderung der Schönheit kehrt bei allen Eigenschaften der Sprache wieder, und zwar bei jeder Art von Sprache; was z. B. bei der Tonsprache die Schönheit des Lautes, das ist bei der Urschriftsprache die Schönheit der Gestalt.

Diese Theilnahme ist nicht uneigennützig, indem sie sich auf das Bestehen des Leibes bezieht, ja mehrere dieser Gegenwirkungen würden auch schon rein leiblich erfolgen, z. B. Angstschrei bei dem Anblicke eines wilden Thieres. Es können aber auch Aussendinge auf ihn einwirken, die gar keinen Bezug auf seinen Leib, oder überhaupt auf seine Person haben, die ihm bei dem Einwirken weder schaden, noch nützen. Es fragt sich, ob auch in diesem Falle der Mensch sprechend gegenwirken werde. — Denken wir aber den Menschen, wie er mit schon gebildetem Geiste den Blick zu dem Saale der Sterne erhebt und diese scheinbar ordnungslose Ordnung anschaut, so hat diese Anschauung zwar auf seines Lebens Bestehen keinen Einfluss, aber sie erweckt seinen Geist zum Nachdenken und wirkt zugleich und durch das Nachdenken verstärkt auf sein Gemüth, er wird also auch diese Einwirkung auf sich als Menschen beziehen und mit geistiger Thätigkeit gegenwirken; er wird das Schöne empfinden und nachdenken und dabei eben die Gegenwirkungen äussern, die zuvor erwähnt wurden. Der Mensch kann nie allein geistig, oder allein leiblich sein und wirken, sondern er ist immer beides vereint und wirkt auch als beides vereint. Wirkt also etwas auf den Geist, so muss auch der Leib mit leiden, und umgekehrt. (Daraus folgt nicht, dass der Geist mit vernichtet werden müsse, wenn der Leib, als Produkt, d. i. als Wirkniss, vernichtet wird.) Wirkt nun etwas auf den Geist, so wirkt er entgegen, aber auch sein mit ihm vereinter Leib. — Also äussert sich das geistige Inempfinden auch in diesem Falle unwillkürlich auch leiblich.

Diese rein geistig entstandene Sprache ist in einiger Rücksicht höher, als die vorhin erwähnten leiblichen Aeusserungen.

§ 7.

Aber noch eine neue unausbleibliche Anforderung zur Sprache findet sich in dem Nachahmtriebe. Denken wir an die eigenleblichen Gestalten, Stellungen, Bewegungen, Töne, Handlungen der Thiere, an die vielgestaltige und vielfachtönende Bewegung der Luft und der Gewässer und die dadurch festen Dingen mitgetheilten Bewegungen, an den Gesang der Vögel, an das Dröhnen der Bäume, wenn der Sturm sie ergreift, an das sanfte Lispeln der bewegten Aeste und Blätter, an den Blitz und den Donner und an alle Lebenäusserungen der urthätigen Natur: so wird jeder wohlgeborene, gesunde Mensch zur Nachahmung gereizt; er wird unvermeidlich durch Nachahmung gegenwirken. Dieser Nachahmtrieb ist so mächtig, dass er bei Kindern nicht durch Verbot und Strafe unterdrückt werden kann; denn das Kind hat darüber die grösste Freude, wenn so eine Nachahmung ihm gelingt, weil es sich selbst als noch etwas Anderes ansieht. Eben daher sind bei den Kindern die ersten freiwillig hervorgebrachten Laute nachgeahmte Töne der Objekte. Selbst den Erwachsenen beherrscht der Nachahmtrieb wider Willen. So bildet sich selbst der an Bildung seiner Gesellschaft Ueberlegene unwillkürlich die in derselben herrschenden Sitten, Bewegungen, Eigenheiten der Töne, ja der Denkweise an. Der Trieb ist so uneigennützig, dass seine Aeusserung bis zur Ermattung fortgesetzt wird. Er geht so wenig zuerst auf Mittheilung, dass das Kind die Laute und Bewegungen der Thiere und der Menschen nachahmt für sich allein, ohne dass es Jemand hört, und wenn es ihm verboten ist, auch heimlich. Jeder Mensch hat diesen Nachahmtrieb, aber verschiedene bilden ihn verschieden aus. Dieser Trieb ist an sich wesentlich und vollkommen, aber blind: er richtet sich auf Hässliches und Schönes, Liebloses und Liebvolles, Nützliches und Schädliches; andere und höhere Kräfte des Geistes und des Gemüthes, zuhöchst der lebengesetzliche (sittlich gute) Wille, d. i. ich, als ganze Thätigkeit, müssen ihm die menschenwürdige Richtung geben. Wo er sich bei einem Kinde äussert, ist viel zu hoffen, nach Massgabe der Anstrengung und der Geduld, womit es nachahmt. Wo er nicht ist, ist Stumpfsinn wegen Leibkrankheit, oder Mangel an Geistfähigkeit. Die urgeistigsten, eigenleblichsten Menschen haben den

stärksten und glücklichsten Nachahmtrieb. — Unser ganzes
Erkennen ist nichts als Nachahmen, sowohl im Wachen, als
im Traume. Bei dem Wachen aber ist das Nachahmen so
stetig und so täuschend, dass man nicht daran denkt. —
Der Mensch ahmt alles, was ihn umgiebt, nach.

Aus diesem auf das ganze umgebende Naturleben ge-
richteten Nachahmtriebe, der dem Menschen urwesentlich,
ewig angeboren, erscheint, ist es zu erklären, dass ein
grosser Theil der Wörter aller Tonsprachen Lautwörter (Ono-
matopoëtica) sind, wie murren, rieseln, rauschen, prasseln,
lispeln, u. s. w., ferner, dass alle Sprachen unter sich in dieser
Hinsicht viele gemeinsame Wörter haben.*)

Ferner sehen wir, dass dieser Trieb sich nicht auf Töne
beschränkt, sondern alle möglichen Gegenwirkungen durch
alle Theile des dem Geistwillen gehorchenden Nervensystemes
hervorbringt. Blicke, Geberden, Bewegungen werden auf alle
Weise nachgeahmt, so weit es der Wille über die Organe
des Leibes vermag. Auch aus diesem Quell sehen wir daher,
wie vorhin, Tonsprache und Geberdensprache (Mimik) auf
einmal, ungesondert, und unwillkürlich hervorgehn.

Auch der Trieb, alle Gestalten nachzuahmen, zu zeichnen
und zu malen, gehört hieher, der nur leider bei unsern
Kindern nicht Gelegenheit zur Ausbildung erhält. Er regt
sich bei Jedem wenigstens einmal; es wird aber dieser Licht-
blick der Geistthätigkeit von den Erziehern gewöhnlich nicht
beachtet.

Zugleich erscheinen diese Wirkungen des Nachahm-
triebes in Ansehung der Gegenwirkungen, welche bloss
Schmerz und Freude bezeichnen, auf einer höheren Stufe.
Denn sie erscheinen uneigennützig, ja sogar dem eigen-
nützigen Triebe zuwider. Auch sind sie, ohne Absicht, im
eigentlichen Verstande bezeichnend; sie erinnern Jeden, der
dieselben Sinnwahrnehmungen gehabt hat, unwillkürlich an
das Wesen, welches die ähnlichen Lebenäusserungen machte;
wie das Bellen an den Hund, das Brüllen an den Löwen,
das Heulen an den Wind, die nachgeahmte Richtung der
Bewegung an das sich ähnlich bewegende Thier.

Aber was ist dieser Nachahmtrieb selbst? Warum ist
er wesentlich, unaustilglich? Er strebt, alle Lebenäusserungen
aller für den Nachahmenden äusseren Wesen aus eigner Inkraft zu erzeugen, also seine eigene Thatkraft zu bewähren,
zu zeigen, dass er dieselbe Kraft sei, dasselbe Leben in ihm
lebe; es ist also die Nachahmung der Beweis, den sich ein

---

*) Eben daraus aber ist zugleich klar, dass man von dieser Ueber-
einstimmung im Allgemeinen nicht den Schluss auf gemeinsamen Ursprung
der Sprachen wagen kann.

Wesen über seine eigene Thätigkeit führt, ein Triumph des
Selblebens, eine Bestätigung der Eigenurkraft. Der Nachahmende fühlt, dass er die Thätigkeiten, die ihn anwirken,
selbst ist; und je mehr er dies bemerkt, desto mehr wird
er zur Nachahmung gereizt. Sowie die gleichgestimmten Saiten eines Instrumentes ertönen, wenn ein nebenstehendes Instrument berührt wird, so steht die Seele in Wechselwirkung
mit dem Allleben. Genaue Forschung lehrt, dass der Menschleib das allvollständige, allharmonische Naturleben ist; dass
er in sich alle Kräfte der Natur und aller ihrer anderen
Werke eigenleblich in sich hat. Diese innere Allharmonie des
Menschleibes stellt sich auch dar in der allharmonischen,
allschönen Gestalt. Sie bewährt sich auch in dem Nachahmtriebe, welcher, auch leiblich betrachtet, im Menschen der
heftigste, der vielseitigste und der glücklichste ist. Menschen
können den Ton der Glocken, des Donners, der Violine, den
Gesang aller Vögel, das Eigenlebliche der Stimmen, der Geberden, des Ganges, der Denkweise und Gemüthart anderer
Menschen täuschend nachbilden.

Ja selbst alle sinnliche Anschauung geht aus diesem
Nachahmtriebe hervor. Was ich sehe, höre, rieche, schmecke,
hautfühle, alles das empfinde ich nur dadurch, dass ich es
im Geiste nachbilde; und die nachahmende Einbildungskraft
wirkt unablässig im Wachen, ich mag ihre Thätigkeit ins
Bewusstsein bringen, oder nicht. Welche nachbildende
Schöpfer wir sind, können wir aber im Traume noch über-
raschender erkennen, wo wir uns durch die treffenden Nach-
ahmungen des Ganzlebens anderer Menschen, Thiere, Pflanzen,
ja unserer ganzen sinnlichen Umgebung, die uns wachend
beschäftigt, selbst täuschen. Wir reden mit unseren Be-
kannten, Freunden, Geliebten, Lehrern, Schülern, die sich
ganz so benehmen, so denken, reden, handeln, wie wir es
von ihnen gewohnt sind, oder wie es ihrem Eigenleblichen
gemäss ist. — Dass wir uns nicht wachend mit einer so all-
umfassenden Schöpfung täuschen, ist daher zu erklären, dass
dieselbe nachbildende Kraft, die im Schlafe auf die Schöpfung
des Traumlebens verwandt wird, im Wachen in dem geistigen
Nachbilden der uns umlebenden (sogenannten) Aussenwelt
sich erschöpft. — (Doch ist die Kraft zu bemerken, welche
denselben Raum mit doppeltem Gebilde erfüllen kann, z. B.
mit dem äusseren Baume und an dessen Stelle zugleich auch
etwa mit einem eingebildeten Menschen.) — Die Grenzen der
jetzigen Erfahrung unserer jetzigen Thatkraft sind nicht für
die ewigen Grenzen selbst zu halten, so lange sie nicht als
ewigwesentlich wissenschaftlich erwiesen sind.

§ 8.

Diese Veranlassungen zur Sprache treffen bloss den Menschen, sofern er mit dem Leibe in Verbindung einlebt in die Natur. Die durch sie geweckte Sprache erfolgt nach dem Gesetze der Gegenwirkung (Reaktion). Diese ist selbst eine doppelte; zuerst die entgegenwirkende oder entgegenthuende, und zwar a) die persönlich theilnehmende in Schmerz und Freude, b) dann die sich frei auf den Gegenstand richtende, z. B. die Gemüthbewegung und die Thätigkeit des Anschauens beim Anblick des Sternsaales (des Firmamentes). Dann aber auch die ähnlich-, oder gleichthuende, das Einwirkniss wiederholende Thätigkeit der Nachahmung. Bis hieher haben wir also eine dreifache Gegenwirkung bemerkt, nach welcher, abgesehen von aller Mittheilung, Sprache entsteht.

Auf diese Weise kann Sprache erfolgen, aber muss sie es auch? Es fragt sich nur, ob das Gesetz der Gegenwirkung der Thätigkeit, als solcher, wesentlich, unüberwindlich, und stetig ist. — Dies ist es aber; denn die Gegenwirkung ist die im Verhältniss der Einwirkung wirkende (aktuale) Thätigkeit selbst. Aber den erwähnten Einwirkungen des Alllebens der Natur kann sich der Mensch, wegen seiner Lebeneinheit mit dem Leibe, nicht entziehn, er muss also gegenwirken. Die Einwirknisse der Allnatur treffen seinen Leib zeitstetig, und zwar oft so stark, und rühren seine Lebenskräfte so innig an, dass er, sie nicht zu beachten, nicht vermag. Kopfweh durch die Witterung muss er empfinden und wird dadurch an geistiger Thätigkeit gehemmt. Kälte muss er empfinden. Aber ist auch hiebei seine gegenwirkende Thätigkeit gezwungen; Thätigkeit ist sie doch immer, wenn auch keine freie, rein aus seinem Ganzwesen hervorgehende *). Es kann also nicht nur aus den erwähnten Veranlassungen eine Sprache des Menschen entstehn, sondern sie muss auch entstehn.

Aber wird eben so entschieden werden, wenn wir uns einen reinen Geist denken, ohne Wechselleben mit einem Leibe und mittelst dessen mit der Natur? — Zum Beispiel einen Menschen im reinen Traume. — Was für den Leib die ihn umlebende Allnatur, das ist für den reinen Geist die Welt dessen, was er inanschaut, inempfindet, worauf sich inlich sein Wille richtet; auch ihn selbst nicht ausgenommen; nur mit dem Unterschiede, werden die meisten Leser sagen,

---

*) Das eben ist der Grund, weshalb wir uns der Annahme äusserer Dinge nicht entschlagen können, dass sie uns in dem freien Bilden unserer Thätigkeit hemmen, schaden, anders leiten. Deshalb kann auch die Aufgabe, diese Thatsache uranzuschauen, oder, wie man gewöhnlich sagt, zu erklären, in der Wissenschaft nicht zurückgewiesen werden, viel weniger unerwähnt bleiben.

dass die Aussendinge nicht durch den Geist, noch auch durch
den Leib hervorgebracht werden, dagegen alles, was inlich
im Geiste geschaut und empfunden wird, ein Werk des
Geistes selbst, dass die ganze Inwelt des Geistes seine eigene
Schöpfung ist. Diese Behauptung kann jedoch ohne Prü-
fungen nicht angenommen werden, da mehrere Thatsachen
des Bewusstseins dawider zeugen. Die Wahrheiten der Mathematik, sowie jeder Wissenschaft, werden nicht vom Geiste
hervorgebracht, denn sie sind ewig; ebenso alles Wahre, Gute
und Schöne, wie ein schöner Gesang, den wir uns inlich vor-
singen, wo zwar der Eigenverein der Sammklänge und Tonfolgen unser Werk ist, allein die Grundsammklänge und
Tonfolgen selbst ewig sind und ihre Schönheit und Leben-
fülle nicht durch uns selbst haben. Was ich vor vielen
Jahren gesehen, steht oft vor mir, im Wachen und im Träu-
men, ungerufen so lebhaft da, als geschähe es jetzt, ohne
dass ich mir darüber Rechenschaft geben kann, wie und
warum diese Wiedererinnerung zu Stande gekommen. — Da
aber diese Frage, wenn sie gründlich entschieden werden
sollte, uns zuvor von der Reihe dieser Untersuchung ab-
führen müsste, so wollen wir davon ganz absehen. Also
selbst angenommen, dass unsere eigne innere Geistwelt das
Eigenwerk des Geistes sei, so finden wir doch, dass ein jedes
unserer Eigengeistwerke, während des Schaffens, und wenn
es als fertiges Werk angeschaut wird, auf uns selbst zurück-
wirkt, z. B. der Ueberblick einer Reihe des Wahren in der
Wissenschaft, einer schönen Geisthandlung, eines schönen
Kunstwerkes, einer schönen Musik, die wir selbst gedacht,
erfüllt uns mit Freude, weckt, belebt unsere Thätigkeiten,
unser ganzes Gemüth. Durch dasjenige in unserem Inleben,
was unsern Lebengesetzen widert, können wir in ebenso
lebhaften Schmerz, in ebenso tiefe Betrübniss versetzt werden, als durch Einwirkungen der Aussenwelt durch den
Leib (hindurch). Auch ein reiner Geist mithin würde schon
durch seine reine Inwelt zu stetiger Gegenwirkung auf
jede der drei erwähnten Arten erregt werden, durch Ent-
gegenwirkung und durch Nachahmung müsste er Sprache
bilden; nur dass die Nachahmung bloss als Wiederholung
seines eigenen Werkes erscheinen würde, wenn anders seine
ganze Inwelt nur sein eignes Werk wäre; oder wenigstens
zum Theil nur Wiederholung, da es eine Thatsache des Bewusstseins ist, dass wir unsere eignen Geistwerke, wenn sie
uns wohlgefallen, freithätig zu wiederholen lieben. — Sollten
sich reine Geister reinen Geistern mittheilen können, so
würden diese wechselseitig sowohl das in der Sprache Dar-
gebildete selbst, als auch ihre Sprache wechselseits ver-
nehmen.

Diese letztere würde, nach der gewöhnlichen Ansicht, wo die Sprache bloss der Mittheilung wegen da ist, ganz überflüssig sein; nicht aber, wenn die Sprache aus anderen Gründen unmittelbar wesentlich ist.

§ 9.

Dies sind nun einige Quellen der Sprache in dem Geiste selbst, ohne Hinsicht auf Mittheilung an andere Menschen, oder Geister. Es fragt sich, ob die Sprache noch aus anderen Gründen dem Menschen und dem Geiste inlich wesentlich ist, noch aus anderen Thätigkeiten unvermeidlich und stetig hervorgeht.*) Die bis jetzt angeführten Gründe sind von den Gegenständen des Anschauens, Empfindens und Wollens hergeleitet, also in dieser Hinsicht äusserlich. Es ist also zu untersuchen, ob auch in der Geistthätigkeit selbst, als solcher, Veranlassungen zur Sprache liegen. Diese würden die erstwesentlichen von allen sein und den innersten Ursprung der Sprache enthüllen; dann würden die Veranlassungen durch die innere Geistwelt folgen; hierauf die durch die äussere Leibwelt; endlich auch das Bedürfniss der wechselseitigen Mittheilung in verschiedenen Rücksichten. — Da bei der Sprache der Sprechende selbst, als die Thätigkeit, das Erste ist, so hätte der Sache nach diese Frage eher, als die vorigen, entschieden werden sollen. Allein es sollte hier der Gang gewählt werden, den der Mensch, als Sprachbildner, selbst geht; gewöhnlich vergisst man über den Gegenständen und deren Thätigkeiten sich selbst und seine eigne Thätigkeit. Dadurch konnten wir auch viele gangige Vorurtheile wegschaffen, die bei den folgenden Untersuchungen geschadet haben würden. Zum Schluss der ganzen Betrachtung wollen wir die sachliche Ordnung der Gegenstände angeben.

Denken wir uns bei dieser Untersuchung wiederum einen einsamen Menschen. Die ihn umlebenden Aussendinge sind ein jedes eigenbestimmt und eigenleblich, bilden in Inwirken und Wechselwirken eine eigene Zeitreihe, innerhalb der Einen Zeitreihe des Alllebens der Natur; den Gesetzen der Natur, den eignen Lebengesetzen und ihrem eigenthümlichen Leben gemäss. Alle diese Aussendinge, welche ihn umgeben, sind zugleich Thätigkeiten; sie alle sind in Einem Urwesen, Ur-

---

*) Grundsatz der Wissenschaftbildung. Wenn ein Theil erkannt ist, und du willst das noch Uebrige finden, so siehe, ob in dem bis dahin Erkannten eine, oder mehrere Bestimmungen sind, die diesem Theile eignen; anstatt dieser setze die dadurch ausgeschlossenen entgegengesetzten Bestimmungen, und untersuche diese Fälle. Sind keine dergleichen mehr vorhanden, so ist das Ganze, sofern es aus Theilen besteht, erschöpft.

ganzen, als Intheile anzusehn; deshalb haben sie alle etwas Gemeinsames, jede ist in ihrer Art theilurwesentlich, also auch jede von jeder verschieden; sie sind zugleich eigenbestimmt, und als eigenbestimmte zugleich eigenleblich. Der Mensch kann diese ihn umlebenden Thätigkeiten nur deshalb erkennen und nachbilden, weil auch er ein eigenbestimmtes und eigenlebliches thätiges Wesen ist; ausserdem würden jene alle für ihn nicht da sein. Auch der Mensch ist ein Theil der Urthätigkeit des Urwesens, und der Art nach mit jeder anderen eigenbestimmten und eigenleblichen Thätigkeit gleichartig. Er ist nicht Mensch überhaupt, sondern ein eigenlebliches Wesen in der Menschheit, welche jedoch auch als Ganzes eigenbestimmt und eigenleblich und ein Intheil des Urwesens ist. — So urthätig ist der Quell, der Strom, der Wind, das Feuer, das Thier, die Pflanze; ja selbst jeder Stein. Alle diese Lebenreihen wirken von allen Seiten in vielfacher Folge den einzelnen Menschen an und bestimmen ihn, aus diesen verschiedenen Zeitreihen das, was seine Thätigkeit ergreift, mit Selbthätigkeit seiner innern Zeitreihe einzubilden. Nur soviel nimmt er dahin auf, als seine Thätigkeit erfassen kann in Erkennen, Empfinden und Wollen. Diese Reihe des vom Aussenleben in seine innere Zeitreihe selbthätig Aufgenommenen ist nicht seine ganze Thätigkeit. Der Mensch kann sie also als ein inneres Theilganzes auffassen und sie so sich selbst gegenstandlich machen. Indem der Mensch die ihn anwirkenden Aussenthätigkeiten nachahmt, bildet er in der That selbthätig seine eigene Selb-In-Thätigkeit; er ist in der That Eine Vereinthätigkeit aller der Thätigkeiten, die er nachbildet, d. i. erkennt, anschaut, empfindet, aussenthätig nachahmt. — Der Mensch, als diese Vereinthätigkeit, ist eine ganz eigenbestimmte thätige Reihe, verschieden von der Reihe seiner reinen Inthätigkeit und von der Reihe der reinen Aussenthätigkeiten (Gegenstandthätigkeiten). Wenn ich mich selbst als Thätiges erkenne, so bin ich das Erkennende und das Erkannte zugleich, dennoch aber nicht ein Doppelter, sondern nur Einer; ich kann auf vielfache Weise mein eigner Gegenstand sein, z. B. wenn ich mich sittlich beurtheile, so stehe ich über mir selbst. Ist der Mensch sein eigner Gegenstand, so nimmt er diese seine Eigen-Gegenstandthätigkeit in sich selbst als Einthätigkeit auf. Ebenso kann er auch äussere Gegenstandreihen in sich aufnehmen. — Alle diese Reihen stehen unter sich in Wechselwirkung. Ich als Einthätigkeit bin wirksam auf die Reihe der ingenommenen Gegenstandthätigkeiten, aber auch die ingenommenen Theilthätigkeiten bestimmen theilweise mich als Einthätigkeit, z. B. sogar die von anscheinend leblosen Dingen, wie die Einwirknisse der mich im Zimmer gewöhn-

lich umgebenden Hausgeräthe. Hierbei findet sich der Mensch
in Wechselwirkung mit den innern und äussern Gegenstandthätigkeiten anschauend, empfindend, wollend.

Diese Reihe enthält alles, was dem Geiste im Wechselwirken mit den Dingen durch Anschaun, Empfinden und
Wollen gegenstandlich geworden ist. Auch er selbst, und
alles Einzelne, was sein Sein und seine Thätigkeit darbietet,
kann in diese Reihe aufgenommen werden. — Bei Betrachtung der Sprache zeigt sich auch, dass sie zugleich Bestimmnisse der Anschauung, der Empfindung und des Willens bezeichnet, dass sie unser ganzes Eigen-Inleben bezeichnet, unser
Inempfinden, Inanschaun und Inwollen. In der Thätigkeit
des Geistes, wodurch jene Reihe gebildet wird, ist immer
Anschaun, Empfinden und Wollen stetig vereint und wirkt
in allseitiger Wechselverkettung. Keine dieser Thätigkeiten
kann je fehlen, sondern sie sind stetig zusammen da, obgleich bald das Eine von diesen drei Grunddingen (Elementen)
überwiegt, bald auch zwei vereint und unter sich gleichge-
wichtig das Dritte überwiegen, bald auch alle drei in gleich-
schwebender Harmonie sind. In der Tonsprache ist der Ton
der einzelnen Wörter und der Sätze vorzüglich der Empfindung, die Worte als bezeichnend vorzüglich der Anschauung
gewidmet. Zum Beispiel, indem ich sage: „ich will dir das
erklären", ist darin Wollen, Anschaun und, durch den Ton
der Stimme, auch Inempfinden ausgedrückt.

Es ist die Hauptfrage, wie in Folge dieser drei Grund-
thätigkeiten Sprache gebildet wird. — Die Sprache ist nicht
an sich selbst etwas, sondern nur das, was sie bezeichnet,
ist an sich etwas. Ehe Sprache gebildet und, wo sie schon
theilist, weitergebildet werden kann, muss jene Inreihe erst
ohne Sprache gebildet worden sein. Erst ist alles, was die
Sprache eines Einzelnen, oder eines Volkes befasst, in der
Anschauung, dem Empfinden und Wollen der Einzelnen unmittelbar, ohne die Sprache, dagewesen. Jeder urgeistige
Mensch, ob er wohl durch die Wohlthat der schon so, oder
so weit vollendeten Sprache seines Volkes, oder auch mehrerer Sprachen anderer Völker, die Stufe der Bildung er-
stiegen, der er sich erfreut, anschaut, empfindet, will über
die Grenzen aller Sprachen hinaus; das Urneue in Wissenschaft und Kunst fordert neue Wörter, neue Redarten, neue
Wort- und Satzfügungen. — Auch kann jeder in sich finden,
dass er meist ohne Sprache denkt, empfindet und will, und
zwar weit schneller, inniger, vielseitiger, als dass es in Worte
gefasst, oder je durch Worte bezeichnet werden könnte.
Z. B. er schaut eine ganze Gegend, eine ganze Naturgebild-
Sammlung u. d. m. im Einzelnen an, ohne an die Namen
aller dieser Dinge zu denken.

Demzufolge scheint es also, als wenn der Geist zur
Führung seines Inlebens, zur Bildung jener Inreihe, der
Sprache nicht wesentlich bedürfte. — Um aber hier nicht
voreilig abzuurtheilen, sondern allseitig und gründlich zu
untersuchen, wollen wir die Sprache vorerst als Thatsache
schärfer ins Auge fassen und die Kunst kennen, wodurch
sie als Sprache verständlich wird.

Die Sprache jeder Art ist eine Zeichenwelt, eine Zeichenreihe; z. B. die Tonsprache eine Reihe von Lauten. Diese
Laute sind zwar an sich selbst etwas, auch sogar einiger
Kunstschönheit der Lautheit fähig; wie es denn gewiss nicht
unangenehm ist, einem Redner in persischer, oder italienischer
Sprache, auch unverstehend, zuzuhören. Allein diese Schönheit ist nicht von der Art, dass um ihretwillen würde geredet
werden, ob sie schon an der Tonsprache, da diese aus erstwesentlichen Gründen da ist, theilwesentlich ist. — In der
Tonsprache sind die Töne das Mittel, diese drei Inthätigkeiten
zu bezeichnen. Da nun die Töne an sich in dieser Hinsicht
ohne Werth sind, so fragt sich: wie geht es zu, dass man
unter diesen Lauten ganz andere Dinge anschaut? — Zwar
erklären sich in jeder Sprache die Gemüthlaute, wie: ach! o!
i! au! hu! u. s. w. von selbst, aber diese sind auch nur ein
einzelner, beschränkter Theil der Sprache, und aus Natur-
lebengesetzen, nicht aus freiwilliger Wahl zu erklären. Wie
es aber möglich ist, dass man die willkürlichen, zusammen-
gesetzten Laute wechselseitig verstehe, das ist die Frage.

Dieses Verstehen der gemeinsamen Sprache kann nicht
dadurch erklärt werden sollen, dass die Menschen für gewisse
Dinge bestimmte Zeichen verabredet hätten; denn dazu
müsste selbst schon eine Sprache dagewesen sein. Es muss
folglich auf andere Art erklärt werden. Um also zu bemerken,
wie die Sprache verständlich werde, dürfen wir nur Kinder
beobachten und uns in ihre Lage denken. Ein Kind hat
die Erwachsenen und die schon redenden Kinder durch unmittelbare Thätigkeiterweise als mit sich gleichartige Vernunftwesen anerkannt. Es hört diese Schallreihen hervorbringen, in welchen an sich selbst gar nichts Zweckmässiges
zu finden ist, welche aber begleitet werden von bestimmten
Willenbestimmungen und Thätigkeiten der Redenden. Der
Angeredete thut in Folge des blossen Hörens etwas Bestimmtes. Und zwar bemerkt das Kind, dass bei gewissen
Gegenständen, z. B. Brot, Licht, Tisch u. s. w., immer dieselben Laute gesagt werden; es muss also bemerken, dass
bestimmte Schälle von den mit einander Redenden als gemeinsame Zeichen bestimmter Dinge, oder Eigenschaften betrachtet und gebraucht werden. Da nun im Kinde das Anschaun, Empfinden und Wollen, noch ehe es reden lernt, im

Wesentlichen wirksam ist, so bemerkt es weiter, dass gewisse gemeinsame Endungen und Biegungen an verschiedenartigen Wörtern vorkommen, und dass diese gewisse allgemeine Bestimmungen bezeichnen. Und so schreitet es, sich selbst zugleich in das Gespräch mischend, im Verständniss der Sprache weiter fort, bis es dieselbe als ein in seiner Art abgeschlossenes Bild der innern Reihe des eignen Geistlebens anerkannt und zu gleicher Zeit brauchen gelernt hat. Dies ist der Weg, welchen das Kind selbst geht, ohne dazu eine Anleitung zu erhalten. Es wäre aber dennoch zweckwidrig, nachdem man einmal seine Muttersprache genau versteht und schon eine Sprachgesetzlehre (Grammatik) besitzt, wenn man dann auch alle fremden Sprachen nach dieser Methode allein, ohne Hilfe der allgemeinen Sprachgesetze und Paradigmen, erlernen wollte.

§ 10.

Jetzt ist die Frage verständlich: ist im Geiste selbst ein Grund vorhanden, warum derselbe sich bei der Reihe seines inneren Geistlebens selbst nicht begnügt, sondern eine ihr entsprechende Zeichenwelt und Bildreihe entwirft, welche ihm doch, wie es scheint, weder nothwendig ist, noch ihm auch irgend etwas Neues lehren kann, da er ohne Anschauung, Empfinden und Wollen die Sprache doch nicht verstehen kann? Es ist die Frage, ob aus den Inthätigkeiten des Geistes, aus dem Anschaun, Empfinden und Wollen, als solchen, Sprache hervorgebracht werden könne. Sollte dies sich bestätigen, so würde diese Entstehung der Sprache der Würde nach vor den beiden schon erkannten Entstehungsweisen voran gehen, dann die Entstehung aus Gegenwirken und endlich der Gebrauch der Sprache als Mittels folgen.

Soll nun Sprache Wirkniss (Produkt) dieser Thätigkeiten sein, so muss man auch ohne Sprache denken können, welches Einige bejahen, Andere verneinen. Bei schärferer Betrachtung zeigt sich, dass dies möglich und in jedem Augenblicke bei jedem Menschen wirklich ist. Denkt z. B. Jemand als Mathematiker über die Theorie der krummen Linien nach und entdeckt einen neuen Lehrsatz, oder eine ganz neue Linie,*) so hat er darüber noch nicht sprechen gehört, ja die Sprache hat für diese Gegenstände noch gar keine Bezeichnung, er muss also dafür neue Wörter bilden, wozu ihm die schon vorhandene Sprache nur insoweit nützlich ist, als sie ihm einfache Wörter darbietet, durch deren Zusammensetzungen er seine neuen Begriffe bezeichnet. Oft aber würde er für aufgefundene einfache Anschauungen und Begriffe ein-

---

*) Z. B. die Gegengesetzlinie oder Antiloga; vgl. Krause, Nova theoria linearum curvarum, 1835.

fache Zeichen neu bilden, wenn ihm gestattet wäre, die
Zahl der einfachen Wurzelwörter zu vermehren. Allein
Jeder kann in sich selbst finden, dass er zugleich gar viele
Dinge anschaut, z. B. eine schöne Gegend beschauend, oder
eine Naturleibersammlung, und dass er dabei vielerlei zugleich empfindet und begehrt, wovon er immer nur einen kleinen
Theil, und zwar in einseitiger Richtung, obwohl gerade das,
was ihm soeben das Wichtigste ist, durch die Sprache, und oft
sehr ungenügend, bezeichnet. — Ueberhaupt jedesmal, so oft
und soweit das Geistleben über den in der Volksprache bezeichneten Kreis hinaus, in die Höhe, oder Tiefe, sich ver-
steigt, wird ohne Sprache geistig gelebt, angeschaut und empfunden, und nur so wird auch die Sprache höher vollendet,
als das Geistleben ihr voraneilt, und dann auch die Sprache,
als ein Einzeltheil des ganzen Geistlebens, dem Ganzen gemäss vervollkommnet.

§ 11.

Um nun diese Frage zu entscheiden, ist es nöthig, genauer auf das Eigenthümliche der Sprache, als solcher, zu
merken, besonders, dass sie von jeder Art von Abbildung
oder Malerei (Gemälde) unterschieden werde. Die Sprache
ist allerdings ein Mittel, unser Geistleben darzustellen. Sofern also diese Darstellung dem Geiste selbst wesentlich ist,
ist sie ein nützliches Mittel. Dass die Sprache nicht nur
ihretwegen, nicht nur etwas Selbständiges ist, ist offenbar, ob
sie gleich auch an sich wesentlich und schön sein kann. —
Es ist also zu bestimmen, was es heisst: „die Sprache bezeichnet“, oder allgemein: „sie stellt dar“.

Soll etwas dargestellt werden, so muss überhaupt das
Darstellniss mit dem Darzustellenden Aehnlichkeit, d. i.
irgend etwas Gemeinsames, haben. Ist es eine Abbildung,
so muss es alles Wesentliche der abzubildenden Sache in
der Eigenschaft und Beziehung, wonach sie abgebildet ist,
an sich selbst sein.

Die Sprache verhält sich zu dem, was sie darstellt, nicht
wie ein Bild zu seinem Urbild (Abgebildeten); denn jedes
Bild ist mit dem Abgebildeten, so viel als das Bild von
Letzterem erfassen kann, ganz gleichartig, etwa bloss durch
Grösse verschieden. Daher erklärt jedes Bild, so einseitig
es auch sei, sich dennoch in dem Grade selbst, als es ein
vollkommnes Bild ist. Selbst eine Silhouette ist noch selbst-
erklärend. Ja das Bild giebt den Gegenstand selbst für die
Erscheinung, indem es diejenige Anwirkniss selbst ist, wodurch der Gegenstand, wenn er selbst da wäre, auf den An-
schauenden einwirken würde, z. B. ein Gemälde giebt den
wirklichen Augenschein der Sache. Als Bild wird es erst

dadurch aufgefasst und zu erkennen gegeben, dass man merkt, oder anzeigt, dass hier diese reine einseitige Thätigkeit des abgebildeten Gegenstandes da (dargestellt) ist. Daher die Nothwendigkeit des Rahmens bei Gemälden*), der Unfarbheit, oder Anderfarbheit bei Rundbildnissen (Rundgebilden, Statuen). Daher das Grässliche der Wachsfiguren u. s. w., die Leben heucheln. Ganz anders die Sprache! Sie ist durchaus nicht Bild. Auch sofern sie z. B. die Gegenwirkung des Gemüthes gegen die Empfindnisse in den Gemüthlauten ist, ist sie nicht die Empfindung selbst, sondern die Aeusserung derselben, welche als solche mit dem Geäusserten, mit dem Geistempfinden, gar nichts gemein hat. Daher auch die Tonsprache für sich allein gar nicht verständlich ist; je reiner also und vollkommener die Sprache, desto weniger erklärt sie sich selbst. Die Tonsprache hat so wenig im Wesentlichen mit dem Geistleben gemein, dass Jemand einem Anderen in einer fremden Sprache ohne Ende zuhören könnte, ohne je, ausser etwa den allgemeinen Gesetzen der Sprache (der Grammatik), das Geringste zu verstehen, und auch nur eine einzige Wortbedeutung zu erfahren. Je ausgebildeter eine Tonsprache ist, desto vielseitiger, bestimmter und gleichförmiger ist auch die Tonreihe gebildet, desto vollkommener erscheint dann das Gesetzmässige des Geistlebens ausgeprägt, z. B. in Deklination, Konjugation, Ableitungen u. s. w.; desto leichter und genauer wird man also auch, ohne den Wortsinn zu fassen, in den Bau derselben eindringen können; bei rohen, zumal einsilbigen Sprachen schwerer, z. B. bei dem Sinesischen, zumal wenn es geschrieben erscheint. Ebenso die Tonschriftsprache. — Ein Buch in einer fremden Sprache, ohne beigefügte Bilder, und ohne dass man weiss, welcher Gegenstand abgehandelt wird, ist durchaus unerklärlich (undechiffrirbar). Dennoch wird Jeder, der ein solches erblickt, bemerken, dass diese Züge, so schön sie etwa auch sein mögen, nicht um ihrer selbst willen da sind, sondern als Zeichen; dass die ähnlichen wiederkehren; dass sie nach einem Gesetze gebildet sind und wiederholt werden.

Demnach muss auch die Sprache an sich etwas sein, weil nur, was an sich selbst etwas ist, auch als Mittel für etwas dienen kann. So ist die Tonsprache an sich eine Reihe gesetzmässiger Töne, die Tonschriftsprache eine Reihe gesetzmässiger Linienzüge.

*) Deshalb ist der Rahmen auch fähig, höher gedeutet zu werden, als Begrenzung der sogenannten äusseren wirklichen Welt, gleichsam als ein Fenster, wodurch der Geist aus der wirklichen Welt hineinschaut in die ideale Phantasiewelt. Daher z. B. die Wirkung von Raphael's Madonnenbild zu Dresden, wo die Erscheinung als wirklich vor einem Fenster dargestellt wird. Vgl. Krause, Dresdner Gemäldegallerie 1883, S. 4 ff.

Bildwelt und Sprache sind nach entgegengesetzter Richtung vollkommen. Ein vollendetes Bild braucht, wenn der Gegenstand, der abgebildet wird, gegenwärtig ist, kein Zeichen, wohl aber jedes Zeichen einen Hindeut, und wenn der Gegenstand nicht selbst da ist, zugleich ein Bild. Eben daher ergänzen sie sich wechselseitig, als Bild mit Spracherklärung, und als Sprache, erklärt durch Bild.

Schon darum kann die Sprache nicht Bild sein, weil sie alles bezeichnen muss, auch das Urwesentliche, Ewige, Urganze, Urendganze, nicht bloss das In-raumlich-Endliche und Endbeleuchtete. — Daher, sofern eine Sprache durch Bilder alles bezeichnet, diese erst vergeistigt werden müssen, wodurch sie eben erst in die Reihe der Zeichen eintreten.

Zeichen ist ein Gegenwesentliches, durch ähnlichen Ingliedbau fähig, durch des letzteren ähnliche (homologe) Inglieder ähnlicher Inglieder des Gegenwesentlichen Anschauung zu mitverursachen (zu erwecken).

Anmerkung: Das Gegen kann sein jedes Gegen

$$\left.\begin{matrix} \text{unter-} \\ \text{neben-} \\ \text{nebenunter-} \end{matrix}\right\} \text{gegen} \left\{\begin{matrix} \text{wesengegen} \\ \text{formgegen} \\ \text{wesenformgegen.} \end{matrix}\right.$$

Bild ist das Gleichwesentliche, unmittelbar in seiner Eigenselbwesenheit dargelegt.

Die Freiheit der Bezeichnung beruht darauf, dass im Urwesen jedes Wesen (in Gestalt und Form) Urwesens und jedes anderen Wesens, ja in sich selbst sein eignes Ahmgegenwesen (ahmgliedbauliches Mit-Gegenwesen) in dem Urwesen ist. Daher kann z. B. Reinraumliches (Kreis, Quadrat, Dreieck, Linie, Punkt u. s. w.) mit Freiheit zu Sprachbezeichnung erhoben werden. Eben daher auch Tonheit. Und eben daher ist beides sich wechselentsprechend (in einander wechselübersetzbar). Und eben daher sind ein Wortbuch und eine Sprachbaulehre (Grammatik) möglich, die mit Hilfe weniger Bilder sich dann selbst erklären.

Demnach müsste die Willkür der Bezeichnung (z. B. bei Zahlenpasigraphien bloss combinatorische Zusammenstellung beider Reihen) nur Schein, es müsste doch immer ein wechselseitiges Gegenentsprechen sein. Da ist oft die Vereinigung beider Reihen bloss aussenlich nach einer dem Eigenwesentlichen beider Reihen ganz gleichgiltig-artigen äusseren Beziehung geknüpft, z. B. das Nebeneinanderstellen der Zahlen und Wörter in einem Buche; aber schon z. B. der Zahlgliedbau (wie im Zehnzahlbau) ist ein Gegengleichniss des wie immer gearteten Gliedbaues des zu Bezeichnenden.

Je reiner die Willkür, je fremdartiger die Beziehung der beiden Reihen und je einseitiger sie ist, desto schlechter die darauf gegründete Sprache.

Ohnehin kann die Sprache nicht die innere Sammfülle der Anschauung unserer betrachteten Inreihe des Geistlebens auffassen, sondern immer nur gleichsam nach Einer Strecke, nach Einer Linie.

Die Reihe des Gesprochenen ist stets an sich selbst etwas, z. B. bei der Tonsprache Laut, und zwar gesetzfolglicher, zugleich der Schönheit fähiger Laut. Aber bei dem Auffassen der Lautwelt wird Jedem klar, dass sie nicht um deswillen, was sie an sich selbst ist, nämlich um der Lautheit willen, dargesprochen wird, sondern um eines Aeusseren willen; dass also diese Lautwelt nicht als Selbstwesen, sondern als Mittel, als ein nützliches Kunstwerk hervorgebracht wird. Eben daher müssen die Hieroglyphen durch ihre Unvollendetheit, dadurch, dass sie gleichsam nur einen Hauch des Bildes geben, sich als Nicht-Bild zu erkennen geben, welches auch Aegypter und Siner kunstsinnig beobachtet haben *).

Man kann die Anschauungen sämmtlich haben, welche in einer unbekannten Sprache bezeichnet werden, auch mit dem feinsten Gehör alle Laute auffassen, und darum versteht man die Sprache doch nicht. Man könnte einen Spanier in Ewigkeit reden hören, ohne ihn je zu verstehen, wenn er sich nicht bewegte, nicht durch seine begleitende Thätigkeit beide Reihen vereinte. Daher ist zum Sprechen und Verstehen dreierlei erforderlich:

1. Dass etwas, ein Gebiet des Wirklichen da ist, was zur Sprache dient, als das zum Bezeichnen Taugliche, z. B. Laute, Gestalten, und dass es rein als das aufgefasst werde, was es an sich und in sich selbst ist.

2. Dass eine Reihe des alle es anwirkende Lebenreihen in sich aufnehmenden Geistlebens, als das zu Bezeichnende, schon vor der Sprache da sei; dass schon das angeschaut, empfunden, gewollt werde, was durch Sprache bezeichnet werden soll.

3. Dass auf die sich entsprechensollenden Glieder dieser beiden Reihen auf irgend eine Art hingewiesen werde; also ein Hinweis! — Z. B. wenn der Redende spricht und das Besprochene zugleich thut, wenn er geht und sagt: „ich gehe", wobei noch ein neuer Hinweis möglich ist, dass er z. B. auf die Füsse mit dem Finger weist. Oder dass man, indem man die Sache nennt, nach ihr hinsieht, hinnickt, sich hinneigt, mit der Hand, dem Finger, dem Fusse darauf hinzeigt, also der Reflexion des Sprachlernenden die Richtung zeigt. Dieser Hinweis wird dadurch verstanden, dass die Einheit der Thä-

---

*) Doch müssen sie ihre Unvollendetheit nicht durch Unschönheit, Schönwidrigkeit, Verstümmelung u. s. w. anzeigen, in welchen Fehler die Aegypter fielen.

tigkeit und des Bewusstseins des Sprechenden vorausgesetzt wird. Auch wenn ich selbst inlich die Sprache bilde, ist ein solcher Hinweis als bestimmte dritte Handlung (Akt) der Reflexion (des Hinmerkens) wesentlich. — Auf ähnliche Weise hat, wie vorerwähnt, ein Jeder seine Muttersprache erlernt.

Durch den Hinweis wird jene in sich selbst zwecklose*) Reihe ein Zeichenall, und jeder Wesentheil derselben ein Zeichen; — nur dadurch werden die Töne, Gestalten, Geberden u. s. w. Sprache, dass sie in uns das Anschaun einer einzelnen eigenleblichen Geistlebenreihe hervorrufen, dadurch also, dass sie verstanden, als Zeichen aufgefasst werden, — und die Reihe des Geistlebens selbst wird zum Bezeichneten.

Hieraus ergiebt sich nun der Begriff des Zeichens und der des Bezeichnens.

Gegen die Behauptung, dass man alles, was die Sprache erklären soll, schon zuvor im Geistleben haben, anschaun müsse, könnte eingewandt werden, dass man ja durch Sprache neue Anschauungen zu erzeugen, oder zu veranlassen vermöge, die der Angeredete noch gar nicht habe, z. B. Ballast, d. i. Nothlast, Beilast am Schiffe.

Dies ist aber nur dadurch möglich, dass das zu Lehrende ein Verhältnissbegriff, oder ein Sammelbegriff (Gesammtbegriff) sei. Ist es ein Verhältniss mehrerer Dinge, so müssen schon diese Dinge und diese bestimmte Verhaltheit zuvor von dem Angeredeten angeschaut werden. Ist es ein Sammel- oder Gesammtbegriff, so müssen die einzelnen Theile schon da sein. Nur durch diese beiden Kunstgriffe kann man rückgangig (den Rückweg führend) durch Sprache noch ungemachte Abstraktionen veranlassen. — Ferner wird dies Erklären einer Empfindung und Anschauung dadurch erleichtert, dass man sich des auf dem gezeigten Wege ursprünglich erlernten Sprachschatzes bedient, um dem Lernling anzuzeigen, wie und worauf er thätig sein solle, wie er seine Thätigkeit bestimmen solle, um dies, oder jenes zu finden. — Alles das hebt jene Behauptung nicht auf, sondern bestätigt sie nur. — Es macht mir sogar Mühe, alle die Gegenstände, die ich auf einmal erblicke, einzeln zu benennen. Kinder unterscheiden einzelne, selbst zart unterschiedene Farben; wenn man vorher gleichfarbige Stückchen von jeder Art hinlegt, so legen sie die gleichgefärbten zusammen; so mehrere ähnliche Gestalten, ohne je die Namen derselben zu wissen. — Wir sehen einen Menschen und erkennen ihn bloss an seinem

---

*) „Zwecklos" ist hier nicht zu verwechseln mit: selbwesenlos (gehaltlos, inhaltlos ; denn jede solche Reihe ist selbwesentlich, an sich etwas (etwas an sich); sondern es heisst: um ihrer eigenen Wesenheit willen würde sie jetzt von dem Sprechenden nicht also ausgebildet und gliedgestaltet worden sein.

Eigengestaltlichen nach vielen Jahren unter einer Menge Menschen wieder, ohne je seinen Namen zu wissen.

Einige haben behauptet, man könne schlechterdings nicht mehrerer Dinge auf einmal sich bewusst werden, und wenn es so scheine, so bemerkten wir nur das schnelle Hin- und Hergehen unserer aufmerkenden (reflektirenden) Thätigkeit nicht; sowie etwa der Geist die vielen tausend Schwingungen einer Saite, die da tönt, nicht bemerkt. Doch ist dieses Beispiel nicht ganz passlich, da der Ton doch als ein blosses einartiges Nacheinander, nicht als ein vielartiges Nebeneinander, ins Bewusstsein kommt. Man könnte diesen (per soritem) darthun, dass sie gar Nichts anschauen können; denn jeder angebliche Grundtheil ist nicht einfach, sondern wenigstens noch als stetige Grösse theilbar. — Wäre die Behauptung wahr, so wäre die Gesammtanschauung eines gliedbaulichen Ganzen unmöglich; ja es wäre Erinnerung unmöglich.

Im Gegentheil ist es Thatsache des Bewusstseins, dass wir in einem Ganzen eine Mehrheit von Intheilen, als gleichartige und vielartige, selbständig und in ihren Verhältnissen unter sich und zum Ganzen, zugleich anschaun, empfinden und wollen können.

Wir haben gesehen, dass die Sprache nicht abbildet, sondern bloss bezeichnet; dass sie eine selbständige Zeichenwelt für sich ausmacht. Da nun aber diese Zeichen, ohne mit dem Bezeichneten im Wesentlichen das Geringste gemeinsam zu haben, sowie sie als das, was sie an sich sind, noch ohne Zeichen zu sein, angeschaut werden, in dem Schauenden unwillkürlich auch das Bezeichnete hervorrufen, so entsteht für uns das neue Problem, wie dies möglich sei. Dabei müssen wir auf uns selbst als Thätiges sehen und uns dabei selbst genau beobachten. Da wir nun, um, bei dem Sinnwahrnehmen eines Gesprochenen, die Anschauung des Bezeichneten hervorzubringen, das Letztere schon einmal, wenigstens in allen seinen einzelnen einfachen Theilen, angeschaut und überhaupt geistgelebt haben müssen, so ist das zu Untersuchende eine einzelne Aeusserung unseres Erinnervermögens oder Gedächtnisses.

§ 12.

Soll also die Zeichenreihe der Sprache verstanden werden, so ist Erinnerung erforderlich, und die aufgestellte Frage lässt sich nur beantworten, wenn wir das Allgemeinwesentliche unseres Erinnervermögens kennen und uns bei der Thätigkeit des uns Erinnerns genau selbstbeobachtet haben.

Der Mensch ist eine eigne, bestimmte Reihe von Thätigkeit in sich selbst. Aber auch die Gegenstände sind bestimmte Reihen von Thätigkeiten, welche ihn zum Theil an-

wirken. Er muss daher seine Inthätigkeit auf sie richten und
durch Nachbildung die Anwirknisse der Gegenstände in sich
aufnehmen. Der Mensch vereint demnach zwei Reihen und
bildet durch seine mit der Thätigkeit der Dinge vereinte
Thätigkeit eine neue, eigenbestimmte Thätigkeitreihe, und
zwar jeder Mensch eine eigenthümliche und eigenlebliche,
selbst wenn dieselben Glieder aufgenommen werden. Jeder
Mensch ist zwar jedem anderen dem Wesentlichen nach gleich,
und auch ein und derselbe Mensch wird zu verschiedenen
Zeiten nicht eine und dieselbe Reihe hervorbringen, wenn
gleich die Gegenstände dieselben bleiben, und er selbst auf
demselben Standorte ist, wo er die erste Reihe bildete. Denn,
da die Gegenstände thätig sind, so sind sie stetig veränderlich, dadurch erst ist Zeit: also können die Gegenstände ein-
andermal nicht zeitleblich dieselben Thätigkeiten sein, welche
sie zuvor waren. Der Mensch nun, als die Reihe seiner Einthätigkeit, kann aber doch nicht alle Thätigkeitreihen der
Gegenstände mit sich vereinigen, sondern nur immer eine
aus den Thätigkeiten aller zusammengebildete Reihe von
Gegenstandthätigkeiten wird mit ihm wechselwirken. — Aber
nach welchem Gesetze wird diese gebildet? Denn der Wille
des Menschen richtet stetig seine Thätigkeit auf Einen Gegenstand. Allein alle anderen ihn umlebenden Gegenstandthätigkeiten wirken dabei stetig auf ihn ein, wirken also mit, und
ganz kann sich der Mensch, als ein allwechselwirkiges Wesen,
davon nicht befreien. Dennoch bestimmt der Wille, als die
gesetzmässige Selbstbestimmung der Einthätigkeit ihrer selbst
als Theilthätigkeit, nach Einem Gesetze die Reihen der Gegenstandthätigkeiten, welche mit ihm in Wechselwirkung kommen.
Daher bei völliger Gleichheit der Gegenstände dennoch eigenleblich verschiedene Geistreihen, z. B. in jeder Wissenschaft
die jedes einzelnen Forschers. Aber der Wille des Geistes
bestimmt die Thätigkeitreihe nach ewigen Gründen, nie
nach zeitlichen, als solchen; freilich wirken die zeitleblichen
vorigen Bestimmtheiten der Reihe auf die folgenden ein,
doch nicht als ursprünglicher, noch als zureichender Grund
der Bestimmung jeder neuen Theilthätigkeit. Es ist also die
Bestimmung dessen, was man anschaut, will, oder empfindet,
oder das Geistleben, nicht von der Zeit abhangig, obgleich
das, was sich in demselben als Produkt darstellt, in der Zeit
ist; denn alles ist Inthätigkeit, also stets veränderlich, mithin
zeitlich; sowohl in Ansehung des Geistes, als der Gegenstände.
Denn auch die Gegenstände sind eigeninthätig; ausserdem
herrschte wirklicher Tod, nicht bloss der des Sterbens, welcher
vielmehr ein Aufleben in einem höheren, grösseren Ganzen ist.

„Wir erinnern uns an etwas" heisst: wir bestimmen uns
selbst so, dass unsere Thätigkeit eben so bestimmt wird, als

sie schon ehemals war, wo denn auch dasselbe Wirkniss erscheint, als ehemals. Und zwar entweder mit dem Bewusst, dass es schon ehemals in unserer inneren Zeitreihe da war, oder ohne diesen Bewusst. Dieses Bewusstsein ist nur dadurch möglich, dass wir als Ganzwesen über, vor und dem Wesen (ja selbst der Zeit) nach eher sind, als eine jede unserer einzelnen Thätigkeiten; dass folglich mit dem Theil im Ganzen sein Nebentheil wieder hervortritt, also mit einer Einzelheit, woran ich mich erinnere, auch solche Einzelheiten, die auf die damalige Zeit zurückführen. So ist eigentlich mein Zeitleben, dessen Anfang, sowohl der Uranfang, als der dieses Lebens, nur ganz unanschaulich und unraumlich ist, Eine Gegenwart; also auch die Zeitgrenze der Erinnerung nicht anzugeben. Ich erinnere mich an Vieles nicht, was vor wenig Minuten geschehen, und lebhaft an Vieles, was mir vor 20 Jahren begegnet. Ob ich mich vielleicht, wenn ich sterben werde, an eine Vorzeit von 1000, ja 1000000 Jahren erinnern werde?*)

Ich und die Welt sind in aller Zeit ewig dieselben. Meine Zeitreihe ist also in allen ihren Gliedern urgleichartig, ureingesetzlich, urgesetzfolglich. In der Einheit meines freien Willens und des Zweckbegriffes, sowie der untergeordneten einzelnen Zweckbegriffe, beruht die Bestimmung der Gegenwart, sowie die Möglichkeit der Erinnerung. So sage ich ganz richtig: die nächstverflossene Stunde gegenwärtigen Tages, Jahres, Erdjahres, Sonnbaujahrs, Sonnenbaujahres u. s. w. Und eben daher ist die Ordnung der erinnerten Gegenstände nicht an die Zeitfolge gebunden, sondern ich kann mir gesetzfolglich-, oder ungesetzfolglich-unstetig einzelner Dinge wieder bewusst werden. Denn, da der Grund der Zeitfolge der vergangenen Glieder nicht die Zeit, sondern das ewige Gesetz meines Willens ist, der die ewige Folge der Ideen nachahmt, und meine Thätigkeit nur eben diesem Gesetze folgt, so ist die Zeitfolge bei der Erinnerung für meine Thätigkeit nicht bindend. (Da die Naturlebenreihe einem der idealen Geistfreiheit entgegengesetzten Gesetze folgt, so wird auch die Naturerinnerung diesem anderen Gesetze folgen; inwiefern nun nehme ich, als Mensch, an diesem realen Gesetze der Naturerinnerung durch den Leib Theil?) Das, was der Zeitfolge nach stetig ist, kann daher der ewigen Ordnung meiner sittlich freien Thätigkeit nach unstetig sein,

---

*) Wird dies nicht mir einen Trost für alles erlittene Unglück dieses Lebens gewähren? — Ist meine Erinnerung nicht etwa darum geblendet (umnebelt), dass ich im Augenblicke ewig gut leben (sein, handeln) lernen soll? — Werde ich, was ich heute in mein Lebenbuch schreibe, noch nach 1000, ja, ist es wichtig, nach 1 000 000 Jahren, einst lesen? —

und umgekehrt. Die Reihe meiner Thätigkeit ist in doppelter Hinsicht stetig, sowohl ewig-stetig, nach dem Gesetze des Willens, als zeitlich-stetig nach dem Gesetze der Gestaltung, als solcher. Dieselben Glieder meiner Einen Reihe fallen zuweilen in beiderlei Hinsicht der Stetigkeit zusammen, aber oft nicht, und stets dem ewigen Willengesetze nur zufällig. — Da aber das, was uns der Zeit nach das Nächste ist, auch in Ansehung unserer vernünftigen Zwecke, nach den Gesetzen der Lebenführungkunst, im Ganzen auch nach der ewigen Ordnung das Nächste ist, und da insofern die Zeitreihe die ewige Ordnung der Dinge nachahmt, so ist im Ganzen die Erinnerung derselben wesentlichen Dinge um so leichter und lebhafter, je nähervergangen sie in Ansehung des Zeitverflusspunktes sind. Daher, je zusammenhangiger das Thätigkeitspiel eines Menschen ist, desto freier, leichter und lebhafter seine Erinnerung, desto mehr ist er sich selbst gegenwärtig. — Eine vollständige Erinnerung auch nur an irgend einen Theil der vergangenen Zeitreihe ist unmöglich, weil sonst nicht nur meine Thätigkeit, sondern auch die aller damals in mich einwirkenden Dinge genau dieselben wieder sein müssten, auch ich wegen der Zeitferne, oder eigentlich: wegen meiner dazwischen liegenden Thätigkeit, wenigstens wieder eben soviel Zeit dazu brauchen würde, obgleich ich in anderer Hinsicht das, was ich mehrmal thue, immer schneller thun kann, indem dadurch Fertigkeit entsteht, deren Erscheinungen hier nicht erklärt werden können.

Alles das, dessen ich mich erinnere, ist aus meiner Zeitreihe genommen, und sofern es wiederhervorgebracht (reproducirt) wird, nimmt es auch wieder einen Theil derselben Zeitreihe ein. Diese Zeitreihe (oder eigentlich: ich in ihr) kehrt also vielfach in sich selbst zurück und ist dabei doch nur Eine, und eine der Zeit und der ewigen Verursachung nach stetige.

Hält man die Wahrheit fest, dass, sobald nur meine Thätigkeit wieder einer früheren ähnlich gestimmt wird, auch das Wirkniss der früheren wieder gegenwärtig wird, so erklären sich verschiedene auffallende Erscheinungen der Erinnerung; z. B. dass Alte, die gleichsam an die entgegengesetzte Seite der Ellipse der Lebenlinie kommen, sich lebhafter ihrer Jugend, ja ersten Kindheit erinnern, weil ihr Geist und Gemüth wieder in kindlicher Stimmung lebt; dass ferner Menschen, die sich den Einflüssen des Lebens unwillkürlich und planlos hingeben, sich an die kleinsten Umstände, z. B. vor dreissig und mehr Jahren genossene Mahlzeiten, ganz bestimmt erinnern; ferner, dass ähnliche scharfe Erinnerungen in harten Krankheiten und kurz vor dem Tode eintreten, wo die Menschen den noch übrigen Theil der Lebenellipse schnell durchlaufen; dass diese Erinnerungen selbst im Zustande der Raserei sehr scharf sind. Auch in Augenblicken der Geistermattung durch zu angestrengte planmässige Anstrengung treten die lebhaftesten Erinnerungen aus früheren Zeiten an eigne Orte, Gesellschaften, — ohne sichtbare und sogleich erweisliche Veranlassung hervor, weil wir dann in jene kindliche Stimmung unseres früheren Lebenalters kommen. — Wer weiss, welches Feld der Erinnerung sich uns darbieten wird, wenn wir an die Pforten des Lebens zurückkehren, durch die wir in dies Leben eingingen! Die Werke des urgeistigen Menschen (des Genies) können zum Theil Werke bewusstseinloser Erinnerung sein.

Ein anderes Gesetz der Erinnerung ist, dass alle Nebentheile einer Begebenheit, oder überhaupt einer Anschauung, als Eines Ganzen hervorkommen, sobald irgend einer von ihnen wieder hervorgebracht wird. Ein Gesetz, dem das Leben und das Unterrichten der Menschen und der Thiere folgt; z. B. dass ein Hund beim Anblicke des Stockes an das denkt, was er thun soll, oder beim Anblicke eines Stückes Fleisch an die Schläge, wodurch man ihn ein andermal abgehalten hat, seinem Triebe gemäss, Fleisch zu fressen. Auf diesem Gesetze vorzüglich beruht, wie wir hernach sehen werden, die Möglichkeit und der Nutzen jeder Sprache, sowie auch die Möglichkeit, dass eine sehr unvollkommene Sprache doch für verhältnissmässig höhere Lebenstände ausreiche, oder vielmehr: einigermassen genüge, z. B. die sinesische Sprache ohne alle Wortbiegung (Flexion) doch verstanden wird; bei vielen bildlichen Wörtern doch Uebersinnliches und Unbildliches, wenigstens einigermassen, erfasst wird.

Aus diesen Gesetzen erklärt sich auch sowohl die willkürliche, als die unwillkürliche Erinnerung; die willkürliche durch die selbthätige Bestimmung unserer Thätigkeit; die unwillkürliche durch das Zusammenhervortreten der Neben- und Mit-Theile eines und desselben Ganzen. — Auch lassen sich aus ihnen die Regeln der Gedächtniss- oder Erinnerkunst*) ableiten, deren erste ist: sei selbthätig, schaue urbildlich und eigenleblich an. Je treuer die Anschauung die ewige Ordnung der Ideen und die zeitewige der Lebenreihen selbst nachahmt, desto leichter, sicherer, gliedbaulicher ist die Erinnerung!**) — Hieraus ergiebt sich auch das Gesetz, wornach jede Sprache erlernt werden muss. Zuerst muss das zu Bezeichnende rein geschaut werden, dann auch das Zeichen (die

---

*) Vgl. Krause, Psychische Anthropologie 1848, S. 77 f.
**) Warnung vor leerem Wortschallerinnern. Unrichtige Behauptung, dass man erst Wörter (Verbalkenntnisse), dann erst Sachen (Realkenntnisse) sich erwerben müsse! Daraus ist der trübselige Zustand der Schulen, besonders der sogenannten gelehrten, hervorgegangen.

ganze Zeichenwelt) rein, dann müssen beide Reihen durch den Hindeut verbunden werden; man muss im klaren Anschaun der Sache und im klaren Anschaun des Zeichens nach dem, was es an sich ist, bevor es Zeichen ist, sich den Hindeut klar und bestimmt, wenigstens dreimal wiederholt, langsam vorsagen. Dann wird man gewiss das Gewünschte im Gedächtniss behalten.

§ 13.

Wenden wir das soeben Erkannte auf die Sprache an, so sehen wir: 1. dass nicht eher eine Zeichenreihe angenommen werden kann, als schon das Leben selbst gebildet, Anschauung, Empfinden und Wollen des zu Bezeichnenden da ist; denn das Zeichen hat, als solches, nichts Eigenwesentliches gemeinsam mit dem zu Bezeichnenden und wird nur dadurch Zeichen, dass es sich auf das Eigenbestimmte des Geistlebens bezieht, wovon es selbst, an sich betrachtet, nur ein einzelner Theil ist. 2. Dass die Reihe der Sprachzeichen immer nur einen Theil des Ganzen des Geistlebens, und zwar nur in einer einseitigen Richtung, darstellt. 3. Dass, wenn einmal ein Zeichen durch das Hindeuten festgesetzt worden, dann durch die Anschauung des Zeichens die mit seinem ersten Erlernen verbundene Thätigkeit, wodurch dasjenige Eigenbestimmte der Geistlebenreihe wirklich wurde, was das Zeichen bezeichnet, zugleich hervorgerufen wird; und umgekehrt durch die Anschauung des Bezeichneten die mit ihr verbundene Anschauung des Zeichens. Und zwar werden sich beide unwillkürlich wecken, weil sie zu demselben Ganzen einer Handlung gehören. Daher ist es dem eignen Geistleben so störend, einen Anderen, oder Mehrere zugleich, mit dem Gegenstande, der uns geistig beschäftigt, fremdartige Dinge besprechen zu hören! Daraus folgt, dass, wenn eine Sprache erlernt werden soll, eigentlich die Anschauung des zu Bezeichnenden der Grund ist, worauf sich durch den Hindeut erst die Anschauung des Zeichens, als solchen, gründet. Ferner, dass nach den verschiedenen Stufen der Anschauung der Eine Mehreres, Besseres, Schöneres, Höheres bei gewissen Worten denkt, als der Andere. Denn mit dem Worte, oder einem Zeichen irgend einer anderen Art von Sprache, stellt sich ihm die Anschauung des zu Bezeichnenden dar, sowie er sie hatte, als er das Wort erlernte, oder, sowie er sie nachher weiter ausgebildet hat; z. B. einem Kinde bei dem Worte: Hirsch der gemalte Hirsch, einem andern der ausgestopfte, einem Jäger ein lebender Hirsch, den er wirklich gesehen, in verschiedenen, eigenbestimmten Gestalten und Stellungen. Auch die Möglichkeit des Missbrauches der durch Andere gebildeten Sprache und des Scheines von Anschauungen, die Jemand nicht hat, geht aus dem bis hieher Erkannten hervor.

§ 14.

Unsere zunächst wichtige Frage war: ob die Sprache aus inneren Gründen dem Geistleben selbst wesentlich sei und auch, ohne den Zweck der Mittheilung und ohne die zuvor erkannte Gegenwirkung hinzuzudenken, von jedem einzelnen Geiste gebildet werden würde. Diese Frage ist nun zum Theil beantwortet. Erstwesentlich und schlechterdings nothwendig zum Geistleben ist die Sprache nicht, denn wir schauen, denken, empfinden, wollen ohne Sprache, vor und über aller Sprache, und in jedem Augenblicke weit Mehreres und Mehrerlei, als wir je durch Sprache ausdrücken können. Aber, obgleich die Sprache dem Geistleben nicht erstwesentlich ist, so könnte sie doch ihm wesentlich sein in untergeordneter Stufe, oder in mehreren einzelnen Beziehungen*); vielleicht wesentlich dem Geistleben, als ganzem, vielleicht auch wesentlich seinen einzelnen Verrichtungen, dem Anschaun, dem Empfinden, dem Wollen. Dies ist nun zunächst zu untersuchen**). Und zwar wollen wir an der Hand dessen, was wir an den uns vertrauten wirklichen Sprachen erfahren, diese Fragen zu beantworten suchen.

---

*) So ist es z. B. zum Leibleben nicht schlechterdings erforderlich, gekochte Speisen zu haben, jedoch gedeiht der Leib von denselben kraftvoller und schöner. — Wir können leben, ohne die Bildung des Schönen, durch Schönkunst, zum Eigenzwecke des Lebens zu machen. Dennoch ist die schöne Kunst ewigwesentlicher Theil der Menschheitbestimmung.

**) Weitere Erläuterung. Das reine Geistleben (Reingeistleben) ist nur ein Theil meiner Einthätigkeit, der durch letztere, als ganze, bestimmt wird. Die Frage: sind die Thätigkeiten, welche das Geistleben ausmachen, hinreichender Grund, dass ich eine Zeichenreihe bilde? — kann also auch so gestellt werden: ist die Bildung einer Zeichenreihe, die, als solche, nichts mit dem Darzustellenden Gemeinsames hat, mir, als Einthätigem, wesentlich, sofern ich eine bestimmte Zeitreihe in mir bestimme? — Dass diese Bildung mir nicht urwesentlich ist, ist schon nachgewiesen worden. Denn das Denken geschieht, ohne dass man nöthig hat zu sprechen; ja man denkt, empfindet, schaut Dinge an, die man nicht aussprechen kann, oder doch nicht so, wie man sie denkt. Wenn man z. B. ein Zimmer voll Geräthe, Bücher u. s. w. erblickt, so sieht und erkennt man sie alle mit einem Male; jedoch hat ein Mensch mehr Ueberblick, als ein anderer; sollte ich nun diese Gegenstände nicht anschauen ohne Sprache so müssten mir inlich die Namen und Verhältnisse aller dieser Dinge zugleich erklingen, welches nicht geschieht. Auch schaut man Gegenstände an und unterscheidet sie, noch ehe man Worte dafür kennt. Man lege Kindern mehrere verschieden gefärbte Papierstreifen hin, sie werden die gleichgefärbten herausfinden, noch ehe sie die Namen der verschiedenen Farben kennen. Es ist ungegründet, wenn Einige behaupten, der Uebergang von der einen Sache zur anderen geschehe so schnell (wie bei einer hochklingenden Saite mehr, als 1000mal in einer Secunde), dass sie die Seele nicht bemerke und für gleichzeitig halte, was zeitfolglich ist. Man kann diesen Einwand durch einen sogenannten Sorites-Schluss widerlegen. —

Unsere Frage soll übrigens hier analytisch, vom Einzelnen auf das Ganze aufsteigend, gelöst werden.

In Ansehung einer Sprache, die wir schon verstehen,
bietet sich uns eine doppelte Gelegenheit dar, uns dessen zu
erinnern, was wir wirklich selbthätig in unserer Geistlebenreihe gebildet haben; denn selbthätig bilden mussten wir alles,
was wir durch Worte, die wir verstehen, bezeichnen. Wir
können uns an die Glieder der Geistlebenreihe unmittelbar,
oder auch mittelbar durch die Wörter (Sprachzeichen), die
ihnen gehören, erinnern. Auch haben wir den Vortheil, gleich
zu wissen, was wir schon einmal gedacht, empfunden, oder
gewollt haben, oder, was uns neu ist, wenn wir nämlich die
Wörter und ihre Verbindungen schon verstehen, oder nicht.
Das Ganze einer Sprache, welche der Geistlebenreihe gemäss
ist, ist innerhalb dessen, was die Sprache an sich ist, allglied-
baulich geordnet; z. B. die Tonsprache ist allgliedfolglich verbunden aus den einzelnen Lauten und Lautganzen (Silben),
die die menschlichen Sprachorgane hervorbringen. Daher ruft
das Anschaun eines Zeichens das aller übrigen Zeichen hervor,
die sich mit ihm als Mit- und Nebentheile desselben Stammes
verhalten, z. B. Begriff, begreiflich, begreifbar, Unbegriff, Urbegriff; — Griff, Missgriff u. s. w. Dadurch aber ist die Möglichkeit gegeben, sich ganze Reihen von Anschauungen und
Empfindungen willkürlich und gesetzfolglich durch die Sprachzeichen hervorzurufen*). Es ist offenbar, wie sehr dadurch
die Erinnerung**) befördert wird; diese aber ist der Führung
des Geistlebens, als ganzen, und jeder einzelnen Thätigkeit
desselben wesentlich. Hierdurch kommen wir auch in den
Stand, wenn wir den Sprachschatz mit den Anschaunissen und
den Urbildern der Dinge selbst vergleichen, zu erkennen, worin
es der Sprache, und folglich den Erfindern derselben in Anschauung des Geistlebens selbst, noch mangelt. Daher geht
den Sprachen ein Wesentliches ab, welche keine fernere
Wortbildung durch Zusammensetzung und Ableitung gestatten,
z. B. unter den lebenden der französischen (gallfrankischen)
und unter den sogenannten todten der hebräischen, lateinischen;
nicht so der griechischen, wo man neue Wörter analogisch
bilden darf, weil dies die Griechen selbst thaten, solange sie
nur altgriechisch redeten. — Daher eilen Wissenschaftforscher
dem Volke in der Sprachausbildung vor; soviel das Volk von

---

*) Dann auch Theilreihen nach allen Rücksichten: Begriffreihen,
Eigenlebenreihen (Geschichtreihen) und Vereinreihen aus beiden.
**) Durch die Sprache gewinnt die geistige Erinner-, Rückempfind- und
Neuschaffkraft ein doppeltes Anhalten (ausam duplicem), einmal die
Reihe der Anschauungen durch ihren inneren Gliedbau, zweitens die
Reihe der Zeichenwelt (Sprache) in ihrem inneren Gliedbau; und indem
so der Geist in seinem Stetleben von der einen Reihe zu der andern
hinüber- und herüberschwebt, wird er ansich selbst doppelt (ja eigentlich
2∞ mal) geweckt und selbbesinnigt (selbbesonnen gemacht).

ihren Anschauungen auffasst, soviel auch von ihren eignen Wort- und Redbildungen; — nur langsam folgt das Volk seinen Sprachkunstbildnern.

§ 15.

Aber ferner stellt jede Sprache von dem ganzen Inhalte des Geistlebens einen grossen und wesentlichen Theil als einen Schatz des Eigenlebens auf. Dies ist um so mehr werth, als uns in jedem Momente, wir mögen noch so viel anschauen, wollen, empfinden, immer Eines am meisten beschäftigt, und die Sprache gerade diese vorwaltende Reihe innerhalb der Einen Reihe des Geistlebens für die Folge befestigt. Schon darum wäre die Sprachbildung jedem Geiste wesentlich, um ein Gegenbild alles sich selbthätig Angeeigneten zu haben, auch ohne und vor aller Mittheilung. Kommt aber Mittheilung hinzu, so wird dann die Sprache zunächst Ausdruck des Eigenlebens jedes einzelnen Menschen; aus dem, was und wie es ein Mensch spricht, schauen wir an, was und wie er es anschaut; denn die Sprache schmeichelt nicht. Sie wird aber ferner Ausdruck des Gesammt- und Verein-Geistlebens der Familien, Ortschaften, Stämme, Völker und anderer höherer Personen der Menschheit, woraus dann Jeder Schätze empfängt, und worin Jeder Schätze niederlegt, die dann von den Fähigen aufgefasst werden.

In der Sprache des Volkes und dessen innerer einzelner Gesellschaften wird jedem Einzelmenschen desselben das ganze gemeinsame und gesellige Leben im Gegendarstellnisse an- und dargeboten, als eine Aufgabe, welche er zu lösen hat in innerer Anschauung, wenn er zum Volke hinanleben, in ihm eigenleben und dasselbe eigenhöherzubeleben mithelfen will.

Die Anschauungen der Menschen erstrecken sich meist nur auf einen gewissen Theil der anschaubaren Gegenstände; so hat man z. B. in der Pflanzenlebenlehre noch nicht alle Pflanzen und deren Eigenarten (species) erkannt und wissenschaftlich bestimmt, sondern nur die, welche uns am nächsten und stärksten anwirken. — So stellt die deutsche Sprache das Gesammtleben dieses Volkes und das Theilleben seiner einzelnen Stämme, Stände u. s. w. zum Theil dar, die Schriften und die Reden jedes urgeistigen Deutschen enthalten Eigenleblichkeit, was nur zum Theil vom Gesammtvolke, oder von seinen Standgenossen aufgefasst wird. Umsomehr Werth hat eine Sprache, als sie ohne Ende bildsam ist, also neuen Anschauungen Raum giebt und dem höheren Aufleben der Menschheit, wenn auch langsam, dennoch nachfolgen kann. Hemmend und ertödtend dagegen ist einem Volkleben eine abgelebte, in ihren Formen beschlossene Sprache, wie die französische. Daher die Schwierigkeit, ja Unmöglichkeit, in alten

todten Sprachen alles Neue zu schreiben. Findet der Einzelne
in seiner Sprache, oder in allen Erdensprachen nicht Wörter
für seine Anschauungen, so sieht er daraus, dass er weiter und
höher aufgelebt ist und daher die Sprache höher bilden muss.

§ 16.

Es ist also die Sprache ein dem Geistleben innerlich
nützliches Kunstwerk, und sie könnte daher von jedem einzelnen Geiste, auch wenn er ganz allein lebte, schon um dieses Nutzens willen gebildet werden. Allein es fragt sich, ob
der Sprache nicht ein Inwerth, eine Selbwürde zukomme,
wodurch sie jedem Geiste, rein als Zeichenreihe, wunschwerth
wird. So dient z. B. freilich ein Werk der Malerei, oder ein
Tonkunstwerk zur Darstellung des Geistlebens, zur Mittheilung, zur innern Erinnerung, aber als Schönes hat es Würde
an sich, und diese ewige Selbstwürde desselben ist der eigentliche Grund, weshalb es gebildet wird, worauf der Kunsttrieb
des Menschen sich richtet. — Vielleicht ist es auch so bei
der Sprache.

Diese Selbwürde der Sprache muss ihr zukommen als
Zeichenwelt, nicht als das, was sie ist, ohne, oder bevor, dass
sie Zeichenwelt ist. — Wir haben früher gefunden, dass zwar
z. B. die Tonsprache auch als Lautheit der Schönheit fähig
ist; allein diese erschien dennoch so beschränkt und untergeordnet, dass, wenn man auch die wohllautigste Sprache
hörte, ohne sie zu verstehen, man doch inne werden müsste,
dass diese Töne nicht als solche, nicht als Tonkunstwerk,
hervorgebracht werden. Diese Wahrheit widerstreitet nicht
der Möglichkeit, dass die Sprache auch ein an sich selbst
würdiges Kunstwerk sei. Nur muss sie dabei rein als Zeichenwelt, als ein Kunstwerk der Bezeichnung, gewürdigt werden.

Als Kunstwerk der Bezeichnung bietet sie eine doppelte
Ansicht dar, zuerst in Ansehung dessen, was sie bezeichnet,
sodann in Ansehung der Beschaffenheit dessen, womit sie
bezeichnet. In beiderlei Rücksicht aber ist sie ein selbwürdiges, lebenschönes Kunstwerk.

Denn, betrachten wir das, was sie bezeichnet, so ist es
ein eigenleblich beschlossener Theil des Geistlebens, und zwar
von allem Angeschauten, Empfundenen und Gewollten das
Lebenwesentlichste, was dem Geiste sowohl als Geiste überhaupt, als insbesondere als eigenleblichem Geiste am wich-
tigsten war, es ist also eine Kunstdarstellung des ganzen
Lebenkunstwerkes, worin sich ein Geist selbst abbildet, ein
Spiegel, worin er sich selbst beschaut.*) Dies ist in so

---

*) So bezeichnen wir durch den Satzwortton bei allen Sprachen
dasjenige, was soeben in dem, was wir reden, eigenleblich das Erstwesentliche ist.

hohem Masse der Fall, dass selbst Geister, die sich derselben Volksprache bedienen, sich in ihrer Sprache, wohl wider ihren Willen, dem Geistkenner so genau darzeichnen, dass er daraus den Bildungstand ihres Lebens erkennt. Ebenso zeichnen ganze Völker ihr Eigenlebliches in ihren Sprachen, besonders durch gewisse Grundanschauungen, die durch die ganze Sprachbildung sich erstrecken, z. B. die Perser durch Licht, Wasser; die altnordischen Sprachen durch God, Altader u. s. w. Die Sprache leistet hierin, was kein anderes Darstellmittel des Geistlebens vermag. Daher ist sie Organ der Allkunst, — der Poesie, welche durch ihren Zauber mehr rühren kann, als ein Musikwerk, als ein Werk der bildenden, überhaupt als ein Werk jeder andern einzelnen Kunst. Daher erlangen alle anderen Künste erst durch sie die Fülle des Eigenlebens, z. B. Gesang, Drama, Oper. Selbst die Werke der bildenden Kunst, Gemälde und Rundbilder (Statuen), gewinnen durch die Beziehung auf Poesie und mythische Geschichte der Völker, sowie sie überhaupt ihrem Gehalte nach daraus hervorgehen.

Betrachten wir ferner die Sprache als das, womit sie bezeichnet, z. B. die Tonsprache als Tonheit, so zeigt sie sich ebenfalls als ein selbwürdiges Kunstwerk. — Denn, da das Geistleben, das sie bezeichnet, ein gliedlebliches Ganzes ist, so kann sie es nicht schildern, ohne selbst ein gliedlebliches Ganzes in dem zu sein, was sie an sich ist, also z. B. die Tonsprache als Tonheit, die Schriftsprache als Gestaltheit. Denn das, was bezeichnet, muss dem zu Bezeichnenden auf seine Weise ähnlich sein. Ja sie ist in ihrem Eigenwesentlichen ein Gleichnissbild des Weltbaues im Urwesen. Denn der allleblliche Urbau des Urwesens spiegelt sich auf beschränkte, aber ähnliche Weise in jedem Geiste, der sich dahin aufschwingt, und in unendlicher Abstufung immer treuer, umfassender, gleichförmiger. So umgeben in der Tonsprache die Vorlinge und Endlinge und Umbildlinge die Stammsilben mit dem Lichtmeere des Ewigen, Allgemeinwesentlichen, und die Sammbildungen der Wörter ahmen treulich nach den Gliedbau der Ideen und der Lebengestaltungen. Jede wirkliche Sprache leistet hierin etwas; so wenig übrigens, als sie wolle, und überhaupt ist sie einer Vervollkommnung ohne Ende fähig, sowie der Geist in seinem Eigenleben. Ja es ist die Sprache nicht ein Gleichnissbild des Urwesenbaues und Lebens überhaupt, sondern ein eigenlebliches jedes Volkes, Ortes, jedes Menschen.

Es hat mithin die Sprache als bezeichnendes Kunstwerk einen doppelten, ihr allein eignen Ur- und Selbwerth, und erst, je mehr sie diesen Werth sich angebildet hat, ist sie auch fähig, ein urnützliches, ein nachahmendes, gegenwir-

kendes (antwirkendes) und mittheilendes Kunstwerk zu sein.
Sie ist sogar in mehrerer Hinsicht das erste und das erstwesentliche Theilkunstwerk (darstellende Kunstwerk) des Geistes, da sie das ganze Geistleben, ja das ganze Urwesen in
dessen innerer Urvollwesenheit, ewig zugleich und eigenleblich schön, darbildet.

§ 17.

In dieser innern Kunstwürde der Sprache ist nun auch
die Eigenschönheit des Zeichens in Ansehung dessen, was es
an sich ist, als einzelner, theilwesentlicher Theil enthalten.
Die Tonsprache z. B., schön als Gleichnissbild des Geistlebens
und des Weltbaues, soll auch als Tonreihe schön, d. i.
schönlautig (wohllautig, euphonisch) sein. Allein diese Vollkommenheit ist nicht erstwesentlich, sondern nur in untergeordneter Beziehung. Nur als Schallzeichenreihe ist sie
wohllautend, nicht als reine Schallreihe; denn, da die Wörter
und Wortganzen nicht zuerst nach den Gesetzen des Wohl-
lautes, sondern nach den Gesetzen des Geistlebens selbst ange-
messen und kurz bezeichnend gewählt und geordnet werden,
so können sie auch selbst in der schönklangigsten Sprache
als Schallheit nie ein Schallganzes sein, wie eine rein als
solche ausgebildete Tonheit, als Musik. — Doch erscheinen
auch in Hinsicht der Tonschönheit die wirklichen Sprachen
nicht so vollendet, als sie an sich wohl sein könnten; man
muss daher die lebenden verbessern, doch so, dass das Eigenwesentliche der Bezeichnung überhaupt dadurch nicht ver-
letzt wird. Eine Sprache, welche die Anschauungen und
überhaupt das Geistleben kurz und schnell bezeichnet, hat
den Vorzug vor einer Sprache, welche alles umschweifend
bezeichnet und dabei schön klingt. So ist die deutsche
Sprache, sonst zwar wohllautender, aber weitschweifiger und
ärmer, jetzt durch ihre Kürze, bei grosser Tiefe und Freiheit
der Bezeichnung, in Ton und Schrift unter den europäischen
die vorzüglichste. Weit höher wesentlich ist es der Sprache,
genau und kurz zu bezeichnen. Ich werde daher die einzig
kurze, bezeichnende und in Ansehung der Wortbildung bild-
bare deutsche Sprache in ihrem jetzigen übellautigen Zustande weit vorziehen ihr selbst in ihrer uralten Voll- und
Schöntonigkeit. Welche Zeit und Kraft geht mit den un-
nützen, wenn schon volltonigen, a, o, u, an, on, um, don, and,
und u. s. w. hin! Es liegt dem innersten Herde des Menschheitlebens weit näher, kurz und sprechend zu bezeichnen,
als einen Wechsel von Volllauten vorzubringen. Zwar könnte
eine Sprache gebildet werden, — und wer ist, sie zu bilden,
geschickter, als Deutsche? — welche bei zehnfacher Kürze
der deutschen Sprache alle schon üblichen Sprachen an Voll-

ton überträfe. Allein ein Anderes ist, eine Sprache ohne geschichtliche Beschränkung neu bilden, ein Anderes, eine uralte, schon gegebene Sprache umbilden. Dass die Deutschen jene alten Volllaute abgeschliffen und, wo sie doch unbestimmt waren, durch klare, wenn auch harte, Vor- und Endlinge ersetzt haben, gereicht also ihrer Urgeistigkeit zur Ehre, womit sie in allen Dingen das Erstwesentliche erfassen und das untergeordnet Wesentliche nur in seiner gehörigen Stufe schätzen und ausbilden. Durch ihre Sprache haben die Deutschen in dieser Hinsicht selbst ein Uebergewicht über die Griechen, sowie sie durch die schnelle, klare Laufschrift (Currentschrift) ein Uebergewicht über alle auf dieser Erde Schreibenden haben. Diese Currentschrift ist aus der römischen. zeitkostenden, wenn auch weit schönern, Schrift entstanden und steht zu ihr in einem ähnlichen Verhältnisse, wie unsere heutige Sprache zu der schönerformigen altgothischen. Dieser Vorzug ist anzuerkennen, wenn sich gleich eine zehnmal weniger Zeit kostende Allengschrift (Stenographie) bilden lässt, die die deutsche Currentschrift vielfach übertrifft.

Soll die Sprache noch in einer andern Hinsicht Inwürde haben, so kann es nur sein in der Vereinbildung der Zeichenwelt mit der Geistlebenwelt, so dass die Zeichenwelt, als solche, dem Eigenbestimmten des Geistlebens gemäss ist, und umgekehrt das Geistleben sich nach dem Eigenbestimmten der Sprache gestaltet. Diese Gemässheit der Sprache besteht zunächst in der Wahl der Wörter und Redarten und in dem Bau der Sätze; dann in der Schönheit (Euphonie) und Wohlgemessenheit (Eumetrie, Metrik) der Töne und Tonreihen (bei andern Arten von Sprachen: der Geberden, Zeichen, Bilder u. s. w.), und diese Inschönheit der Sprache als Tonwelt ist entweder wiederkehrend gesetzfolglich (poetisches Metrum, Versmass), oder freigesetzfolglich (prosaischer Numerus). Die Betonung (Bevortonung), unabhängig von Länge und Kürze der Silben und der Grundlaute (sowie z. B. die Griechen sie sehr zart übten, wie ihre sogenannten Accente es bezeugen), und das Versmass sind sehr wesentliche, aber doch untergeordnet wesentliche Theile der Sprachvollkommenheit. Die griechische Sprache ist unter den Sprachen Vorderasiens und Europa's vor den christlichen Zeiten hierin einzig und gestattet daher die kühnsten, zartesten, zusammengesetztesten Versmasse. Auch Reime würde sie gestatten. Ob nicht die indischen Ursprachen, das Altpersische und Altkeltische (z. B. der irländischen Barden) hierin noch vor der griechischen Vorzüge habe, steht dahin.

§ 18.

In dieser dreifachen Würde ist alle Würde der Sprache beschlossen, sofern sie nur als Sprache eines einzelnen Geistes betrachtet wird. Sie erscheint in höherer Stufe wieder, wenn wir die Sprache als geselliges Werk mehrerer Menschen betrachten, die nach einer geselligen Idee Ein höherer Mensch sind. Denn in der Sprache eines Volkes erkennt man alle Glieder desselben als Einen Menschen. Daher ist es so vortheilhaft, eine Sprache zu kennen, die ein ausgebreitetes Volk spricht, oder wornach sich viele Völker gebildet haben. Da ist die Sprache für jeden höheren Menschen inwürdig, sowie für jeden Einzelnen. Bis jetzt zwar überschauen wir, und wie unvollkommen noch, nur die Menschheit dieser Erde und erblicken sie in viele Hunderte von Sprachen vertheilt, obgleich schon einige Volksprachen sich über viele Völker verbreitet haben, z. B. das Griechische unter Alexander, das Lateinische, das Französische, das Deutsche. Dennoch sollte, bei aller Verschiedenheit der einzelnen Völkersprachen, eine allgemeine Menschheitsprache gebildet werden, nicht bloss Tonsprache, sondern auch Urschriftsprache u. s. w. Dadurch würde Ein menschheitliches Geistleben, eine Allgemeinheit der geistigen Güter entstehen, vieler unnütze Zeitverlust erspart, jedes einzelne Volk würde durch die allgemeine Sprache seine eigne verbessern. Und sowie die Eigenlebenheit jedes Einzelnen in seiner Sprache sich abbildet, so würde die Eigenlebenheit dieser ganzen Menschheit in ihrer allgemeinen Sprache erkennbar sein. In den mehreren Völkervereinen und dann auch einzelnen Völkern eigenthümlichen Sprachen würde dann der innere Reichthum der Lebengestaltung der untergeordnet höheren Menschen in der Menschheit anschaulich werden. — Wir wissen nicht, ob die Grenzen unserer jetzigen Erfahrung erweitert werden können, so dass wir vielleicht einst in Wechselleben mit den Menschheiten anderer Himmelskörper gelangen.

Wenn schon das Geistleben des einzelnen Geistes wesentlich gewinnt durch seine eigne Sprache, so gewinnt es noch mehr durch die Mittheilung in der Sprache seiner Familie, seines Ortes, seines Volkes u. s. w.; wer z. B. Lateinisch versteht, der kann sich die Geistschätze aller Völker aneignen, so weit ihre Schriftsteller lateinisch geschrieben haben. Diese Ausbildung der Geistlebenreihe des Einzelnen durch Sprache ist nicht nach der Anzahl der sich einander mittheilenden Einzelwesen, sondern nach einem viel höheren Verhältnisse wachsend. Wenn drei Menschen sich einander mittheilen, so wird dadurch der Einzelne nicht nur verdreifacht, sondern er gewinnt weit mehr.

§ 19.

Indem wir aufsteigend von dem Umkreise der gewöhnlichen Erfahrung das Wesentliche der Sprache erforscht haben,
ist es uns möglich, den Blick umzukehren, und die Frage nach
dem Ursprunge der Sprache im Allgemeinen, der ewigen
Ordnung der Dinge gemäss, zu beantworten.

1. Es ist nothwendig, dass Menschen, deren physisches
Dasein auf Erden gesichert ist, Sprache erfinden und ausbilden, ohne alle fremde Mithilfe von Menschen, reinen Geistern, Engeln, oder unmittelbare Einwirkung des Urwesens.
Sie werden die Sprache in derselben Folge zu Stande bringen, als wir die Entstehung der Sprache geschildert haben.
Erst werden sie die Sprache bloss durch bewusstseinlosen Ver-
nunfttrieb bilden, dann nach und nach die wesentlichen Vortheile der Sprache, endlich auch ihre Inwürde erkennen; und
nach Massgabe dieser mit der Ausbildung der Sprache sich
erweiternden Einsichten werden sie die Sprache mit bewusster
Einsicht und Kunst veredeln, soweit es die durch Vernunft-
trieb früher bestimmte Eigengestalt jeder Sprache gestattet.
Endlich werden Sprachen rein und auf einmal durch bewusste, von Wissenschaft geleitete Kunst gebildet werden,
und zwar zuerst von einzelnen Menschen, z. B. Dalgarno,
Wilkins, dann von ganzen gelehrten Gesellschaften u. s. w.,
bis endlich, wo eine Menschheit ihre Vollbildung erreicht, —
Eine allgemeine kunstschöne Sprache die ganze Menschheit
vereint.

2. Doch lässt sich darüber nicht absprechen, ob nicht
die ersten Menschen in dem Voilstande lebten, der uns in
den Erscheinungen des sogenannten thierischen Magnetismus
dämmert, und in diesem mit reinen Geistern, mit Erdmenschheiten anderer Himmelskörper entweder unmittelbar, oder in
blosser Erinnerung an reinere, vollwesentlichere, höhere Leben-
zustände in Lebenvereine standen. Allein, war auch dies der
Fall, so bleiben die hier zuerst gemachten Behauptungen
dennoch gewiss, und eine unmittelbare Einwirkung des Urwesens, wie in der mosaischen Urkunde erzählt wird, erscheint
als unnothwendig, obgleich die Unmöglichkeit derselben, oder
Möglichkeit hier nicht entschieden werden kann.

Zweiter Theil der Sprachwissenschaft.

Urbildliche (ewige, ideale) Erkenntniss der Sprache, sie selbst selbständig und rein als Ein gliedbauliches Ganzes betrachtet.

§ 20.

Vorerinnerung.

Wir haben uns bis hieher durch Selbbeobachtung dahin erhoben, dass wir das Wesentliche der Sprache überhaupt anschauen, auch ihren ewigen Ursprung und die Gesetze ihrer Zeitentfaltung erkennen. Wir waren bis zu der Aufgabe gelangt, die Sprache urwesentlich rein in ihrem Urwesentlichen zu erkennen. Und diese Aufgabe ist gelöst. Alles Andere, was aus idealer, d. i. ewiger, aus realer, d. i. historischer, zeitleblicher, und aus zeitewiger Erkenntniss angeführt worden ist, geschah bloss zur Erläuterung und Veranschaulichung.

Die nächste Aufgabe ist, die Sprache, als ganze, rein und allgemein mit ewiger, d. i. idealer, Erkenntniss anzuschauen. Hierin liegen zwei Forderungen, einmal, sie in ihrem ewig Wesentlichen, dann, sie in ihrem allgemein Wesentlichen zu erkennen. Diese Erkenntniss gestaltet sich zu einem Urbilde jeder einzelnen eigenleblichen Sprache, ja, weiter verfolgt, zu einem Urbilde jeder einzelnen Art von Sprache, macht aber die rein geschichtliche Kenntniss der Sprache und der Sprachen ebensowenig überflüssig, als diese letztere die urbildliche Sprachwissenschaft selbst entbehrlich macht. Denn jeder eigenleblichen Sprache fehlt die Wesenfülle (Vollwesenheit) des Urbildes, und dem Urbilde der Sprache die Eigenleblichkeit. Zwar lassen sich in dem Einen Urwesentlichen der Sprache mehrere gegenstehende Theilurbilder schaffen, ja es ist darin auch das Urbild einer gleichmässig allharmonisch vollendeten Sprache enthalten; allein jede eigenlebliche Sprache stellt auch das Theilurbild, worauf sie sich bezieht, in eigenleblicher Beschränkung dar. Das

Urbild der Sprache muss das Wesentliche der Sprache im Allgemeinen zugleich mit darstellen, man muss in ihm auch das Wesen der Intheile erkennen, doch nur soweit, als es selbst die Intheile ist, nicht die Intheile selbst, als eigenbestimmt betrachtet. Jede einzelne, bestimmte Sprache ist dadurch vom Urbilde verschieden, dass sie noch Gleichartiges ausser sich hat, also in ihrer Art endlich ist; da im Gegentheil die urbildliche Sprache alles ihrer Art, also in ihrer Art urganz oder unendlich ist, und bloss nach innen theilbestimmt, so dass ihrer Theile Wesenheit von ihr, als Ganzem, abhangt, sie also alle Eigenbestimmtheiten der Möglichkeit nach in sich fasst. Von dem Wesentlichen des Urbildes fassen einzelne Sprachen verschiedene, zum Theil sich ausschliessende Eigenbestimmtheiten auf; so die deutsche im Vergleich mit der italienischen und französischen (gallfrankischen, frankgallischen). Jede eigenbestimmte Sprache hat wiederum ihr eigenbestimmtes Ideal. Nimmt eine Sprache vorzüglich Rücksicht auf Schönheit des Tones, so verliert sie an Kürze; zieht sie Kürze der Wortbestimmungen (durch Vor- und Endlinge) vor, so wird ihre Wortstellung (Construktion) beschränkter, u. dergl. m.

Die ewige Erkenntniss der Sprache umfasst auch die Kenntniss der ewigen Gesetze, wornach sich Sprache überhaupt zeitleblich entfaltet, und stellt, im Verein der höheren und nebenen ewigen Erkenntniss der Menschheitlebenentfaltung, die Sprachbildung einer Erdmenschheit als Ein gliedlebliches Ganzes dar; sie zeigt, wie nach und nach die einzelnen Sprachen zu immer höheren Theilidealen sich erheben und nach und nach sich vereinen, um nach dem Ideale der allvollwesentlichen Sprache selbst, zu der Zeit der allharmonischen Vollendung des ganzen Menschheitlebens überhaupt, wenn die Menschen sich dem Menschheitbunde nähern, oder schon in denselben vereint sind, eine allharmonische Vereinsprache der ganzen Menschheit zu bilden, welche die Sprachen ihrer einzelnen Völker, als einen Vollgliedbau aller Theilideale, in sich enthält. Ja diese urbildliche Kenntniss der zeitleblichen Sprachbildung umfasst zugleich die urbildwidrigen Beschränktheiten, welche in denen der Menschheitlebenentfaltung hervorgehen; ferner die ewige Erkenntniss der Gesetze, wonach jede reinzeitleblich (historisch) erkannte Sprache gewürdigt, ihr eigenlebliches Musterbild (individuelles Ideal) ihrem geschichtlichen Begriffe gemäss gebildet, und sie selbst diesem zufolge kunstlich weitergebildet werden muss.

Ist dann auch die geschichtliche Sprachkunde gegeben, und wird inmittels der urwesentlichen die ewige in ihrem ganzen Umfange darauf angewandt, so entsteht die ewiggeschichtliche, zeitewige Erkenntniss der Sprache Eines Vol-

kes, oder mehrerer Völker, die der ganzen Erde, und der
Plan, wie die Sprachbildung dieser Erde nach dem indivi-
duellen Ideale dieser Erdmenschheit ihrer eigenleblichen Vollwesenheit entgegengebildet werden kann. Wir sind zwar bis
jetzt nur auf die Sprachen dieser Erde beschränkt, allein schon
deren sind so viele, und sie sind noch erst zum Theil und noch
so mangelhaft bearbeitet, dass es bis jetzt unmöglich ist, sie
als Ein Gliedleben, in allen Intheilen gleichförmig und vollständig, zu kennen. Nähern sich auch die Menschen dieser
Erde dem Menschheitbunde, so ist auch hierin eine gleich-
förmige Kunde zu erwarten. — Die Lehre von der Höherbildung (Verbesserung) schon gebildeter Sprachen gehört auch
in die zeitewige Sprachwissenschaft.

Wer mehrere einzelne eigenlebliche Sprachen kennt, dem
ist es leichter, sich zu der ewigen und urbildlichen Sprachwissenschaft emporzuarbeiten, als dem, welcher nur Eine
Sprache gelernt hat. Denn keine einzelne Sprache hat die
Vollwesenheit der ewigen Sprache selbst, sondern sie ist nur
nach einem eigenleblichen Vorbilde gebildet.

§ 21.

1. Die Sprache im Allgemeinen, sie selbst als Ganzes betrachtet.

Um nun diese urbildliche Erkenntniss der Sprache, wobei die Zeit nicht in Betracht kommt, zu bilden, müssen wir
die Anschauung des Ur-Vollwesen-Begriffes derselben ingestal-
ten, — weiter ausbilden.

Die Sprache ist aber Darstellung (Darbildung) des All-
lebengliedbaues in Einem Zeichengliedbaue*).

Die menschliche Sprache insonderheit ist die Darbildung
des Menschheitlebengliedbaues in Einem Zeichengliedbaue
(in allem, was der Menschheitlebengliedbau Eigenes belebt
und Aeusseres, Höheres und Nebenes, darstellt).

Die einzelnen Begriffe, woraus der Sammbegriff: Sprache
besteht, sind: Geist, Leben, Gliedbau, Darstellung, Zeichen.
Davon ist Gliedbau, bestehend aus den Theilbegriffen: Glied,
d. i. selbständiger, den Nebengliedern und dem Ganzen wechsel-
verbundener, selbständiger Intheil, und: Bau, der höchste;
dann folgt der Begriff des Lebens, d. i. der stetigen Zeit-
grenzgestaltung des Urwesentlichen im Gegensatze des Ewigen;
hierauf der Begriff des Zeichens als eines Wesens, durch

---

*) Beide Reihen, die des Geistlebengliedbaues und die des Zeichen-
gliedbaues, haben an sich nichts gemein, sondern werden erst durch eine
dritte Reihe, die des Hindeutes, auf einander bezogen oder mit einander
vereingebildet. (Siehe S. 39 f. 46.)

welches hingedeutet wird auf das ihm in einer anderartigen
Inreihe eines anderartigen Wesens entsprechende Glied*); endlich: Geist und Geistleben.

Der Begriff des Geistlebens muss aber hier zuerst in-
gestaltet werden, weil sich danach der des Zeichengliedbaues,
welcher es darstellen soll, bestimmt. Die Bezeichnung des
Geistlebens ist der Zweck, der Zeichengliedbau das Mittel
dafür, also letzterer auch zweckbezüglich (teleologisch, zweck-
tauglich) zu bestimmen. Gleichwohl ist der Zeichengliedbau
selbst eigenwesentlich und ist nach seinem Eigengesetze (auto-
nomisch) zu beurtheilen**).

§ 22.

Das Geistleben ist ein Theilurganzes, also muss auch der
Zeichengliedbau ein anderartiges Theilurganzes sein.

Das Geistleben ist ferner in sich selbst einartig, mithin
auch das Wesen, welches zum Zeichengliedbau ausgebildet
werden soll.

Alles Eigenbestimmte, Theilwesentliche im Geistleben ist
Inbestimmung, Ingrenzgestaltung des Einen Geistlebens, mithin ist auch alles Eigenbestimmte, Theilwesentliche im Zeichengliedbaue Inbestimmung des einartigen Wesentlichen desselben.

Dem Urgliedbaue des Geistes entspricht der des Geistlebens, mithin auch der Gliedbau der Zeichen (der Sprache).

Den Urgliedbau des Geistes selbst müssen wir also zuvörderst anschaun.

Bei einer jeden dieser drei Reihen bietet sich ein weites
Feld dar, so z. B. bei dem Geistleben. Dies geschieht gesetzmässig, deshalb müssen auch diesen Gesetzen gemässe Gesetze über die Zeichen aufgestellt werden. Das Geistleben ist
ferner inwesengleich. So muss mithin auch die Zeichenwelt
nur in der Ingleichartigkeit inverschieden sein. Durch diese

---

*) Dieser Begriff muss ebenfalls in seiner höchsten Allgemeinheit
erkannt werden, so dass er alle Arten von Bezeichnung und Zeichen
befasst.

**) Hieraus wird zugleich bestimmbar, welche Erkenntnisse aus höhe-
ren und nebenen Wissenschaften zur Begründung und Ausbauung der
Sprachwissenschaft erforderlich sind.
So ist der Begriff: Lebengliedbau, der in dem Urwesenleben als Idee
geschaut wird, höher, als Geistlebengliedbau; ferner Gliedbau allgemeiner,
als Lebengliedbau, da es auch einen Gliedbau ewiger Dinge und lebender Dinge als ewiger (einen Ewiggliedbau) giebt. So ist wiederum Gliedbau, aus: Glied und: Bau zusammengesetzt, aus zwei nebengeordneten
(coordinirten) Begriffen; denn Bau ist Vieleinheitbildung aus Gliedern,
die schon urwesenbegründet, mithin weseneher sein müssen, als ihr
Sammbau, obwohl dieser umfassender ist, als die einzelnen Glieder, da
er das Sammganze derselben ist.

allgemeinen Gesetze wird das Unbestimmte inbestimmbar,
z. B. die Töne, welche als Hauch durch Sprachglieder und
Geberden bestimmbar werden, oder die aufrechte Stellung des
Menschleibes durch bewegfreie Gegenstellung (Contraposta). —
So werden die Gesetze der Bezeichnung in höchster All-
gemeinheit erkennbar.

Diese Urerkenntniss der Sprache muss man haben, um
über einzelne, untergeordnete Theile der Sprache und Sprachwissenschaft richtig und wissenschaftlich zu urtheilen. Ohne
sie kann man z. B. über die als Pasigraphie geahnte Ursprache nicht richten; hat man jene Kenntniss, so erhellt auf
einmal die ewige Wesenheit und Zeitmöglichkeit dieser Aufgabe. — Auch hier haben die Gelehrten eher und mehr die
Theile, als das Ganze ins Auge gefasst, also missgeurtheilt
und eine Pasigraphie in falsch und voreilig bestimmten Theilen gemissbildet.

§ 23.

Der Urgliedbau des Geistes ist in folgendem Gliedbilde
dargestellt, welches aus der Geistallwissenschaft (Vernunftwissenschaft) entlehnt wird.

Geistall oder Geistwesen

1. Urgeistwesen
(Urgeistall)

4. Urewiggeistwesen

5. Urzeitgeistwesen

6. Geisterall, d. i. All des Geistwesens, sofern dies 2 und 3 durch 1
vereint.

2. Ewiggeistwesen oder
Ideenwelt
(Geistewigall, Geistgeistall)

3. Zeitgeistwesen oder
reale Geistwelt
(Geistsinnall, Geistleiball)

7. Zeitewiggeistwesen,   { zeitewig   } zeitewig-verein-
Welt des Geistewiglebens { ewigzeitlich } ewigzeitig
(Geist-Urewigleib-All)

Wird die Sprache als Gliedtheil der Wissenschaft gebildet, so ist an dieser Stelle schon der Ingliedbau des Geistalls
dargelegt. — Für den nicht urwissenschaftlich Schauenden
noch folgende Bemerke! —

Der Geist ist zuvörderst nicht eine Eigenschaft, sondern ein bestimmtes Selbwesen. — Das unter 2 Aufgeführte kann nicht: reingeistig genannt werden, weil auch 3 und 7 reingeistig sind, ohne Zusatz von etwas Aussergeistigem.

Ich als Geist finde mich weseneinig (ingleichartig) und verschiedenartig, als urwesentlich, als ewig, als zeitlich und als zeit-ewig. Ich erkenne mich in jeder dieser verschiedenen Bestimmungen und betrachte mich von jedem dieser Standorte, als alles übrige Bestimmte, was ich bin, jedoch immer durch die Einkraft meines Geistes, meines Ich.

Wir finden aber ausser uns noch andere, uns gleichartige Geister, welche dieselben Geistwesen sind, und von denen wir unmittelbar als Geister nichts wissen, sondern bloss mittelbar, durch die Sprache.

Das Geistsinnall (die Geistleibheit) ist nicht als ein von uns als Geist Erschaffenes anzusehen; sie ist ihrem Wesen nach ewig, und ein jeder Geist bildet und formt sie nach Gesetzen, wodurch das ihm Eigenbestimmte seines Eigenlebens zu Stande kommt. — In der Erkenntniss des Geistleiballs erkenne ich mich, so wie ich bin, in Verbindung mit dem Zeitlichen, sei es gut, oder schlecht. Ich erkenne mich aber auch urbildlich und stelle mich dadurch mir selbst als mein eigenes Vorbild auf. — Eben dies mein Streben, als zeitleiblichen Geistes, mich dem urbildlichen Geiste gemäss zu machen (zu leben, zu beleben), könnte jedoch nicht stattfinden, wenn nicht eine höhere Kraft, über beiden stehend, in mir als der Einen Geistkraft da wäre, d. i. wenn nicht ich, als Geist, auch ein noch Höheres wäre, welches beide Ingeistwelten als Nebentheilwesen des Einen Geistwesens auf einander bezöge; dann wirke ich als Ganzgeist, als Ganzkraft und Einkraft, als urwesentlich in meiner Art, als alle ingeordnete Theile mein selbst in mich selbst, als Ganzes, aufnehmend. Erkenne ich mich nun als urwesentlich und als urwesentlich alle meine Theile seiend, so nennen wir dies Erkennen: Bewusstsein.

Das Ganze des Geistalls ist ingetheilt, doch nicht in Theile, die getrennt bestehen, sondern in der inneren Wesentlich-Gleichheit der Theile findet ein Wechselwirken der Theile unter sich statt und der selbständigen und vereinten Theile mit dem Ganzen. Das Geistall ist sowohl Einvielheit, als Vieleinheit, als Vielein-einvielheit. Das Ganzwesen, als die Einheit, bestimmt die Theile, als ihre Invielheit. Daher bestimmt der urwesentliche Geist nach allgemein urwesentlichen Gesetzen sich selbst als zeitlichen und ewigen.

Statt Einvielheit (d. i. die Vielheit als Einheit) sagt man gewöhnlich: Allheit. Einvielheit oder Allheit findet sich da nicht, wo bloss eine Menge irgend beisammen ist, sondern nur da, wo das Ganze den Theilen, die Theile unter sich

und dem Ganzen wesenverbunden sind, wo man nicht einen
Theil wegnehmen kann, weil dadurch auch das Ganze wesen-
verändert würde.   Dagegen bei einem Sandhaufen bleibt das
Ganze sich selbst gleichartig, man nehme davon weg, soviel
Körner man will.

§ 24.

Da nun, wie wir früher gesehen, das Zeichen dem Zu-
bezeichnenden gemäss gebildet sein muss, so muss der Zeichengliedbau dem Geistgliedbaue (nicht bloss dem Geistlebengliedbaue, als solchem, sondern auch dem Geistwesenbaue,
sofern er im Geistlebengliedbaue gegenstandlich wird) all-
wesengemäss sein.

Demzufolge müsste auch das Wesentliche, was in der
Sprache zum Zeichengliedbau ausgebildet wird, gebildet sein;
zuvörderst Ein ingleichartiges Ganze (es sei übrigens, was es
wolle: Zug, Ton, Geberde u. s. w.), welches in sich ingevier-
theilt ist, wie das Geistall; und jedes Intheiles Bestimmtheit
müsste anzeigen, in welchen Kreis des Geistlebens, oder in
welche Kreise zugleich, das Bezeichnete gehört. Also muss
ein Theil der Wörter das Urwesentliche, ein anderer das
Ewige, ein dritter das Zeitlebliche, ein vierter das Zeitewige
und Ewigzeitliche, ein fünfter das Urzeitewige darstellen.

Dass keine Sprache bis jetzt dies leistet, hebt die ewige
Forderung, sowie die ewige Möglichkeit ihres Erfülles nicht
auf, sondern zeigt, auf wie niederer Stufe die jetzigen
Sprachbildungen dieser Erde stehen.   Das Gegentheil würde
unbegreiflich sein.   Denn die Stufe der Sprachbildung, als
eines einzelnen Intheiles des Menschheitlebens, entspricht
genau der Stufe der Bildung des Ganzmenschheitlebens auf
dieser, so auf jeder Erde. — Bei der Bildung einer Urschrift-
zeichensprache, oder, was mehr ist, einer urallartigen harmo-
nischen Sprache muss diese Forderung unmittelbar urbildgemäss erfüllt werden.

Wie unvollkommen in dieser Hinsicht die jetzigen Sprachen
sind, wird Jeder einsehen, der die urwesentlichen, ewigen,
zeitlichen, zeitewigen und urzeitewigen Seinartbegriffe schaut.
Es giebt in keiner Sprache Worte, welche das urwesentliche,
oder auch nur das ewige Geistleben, in ihrer Form (durch
Nebenbestimmnisse, wie durch Umlaut, Vorling und Endling
in ähnlichen Fällen) ohne Umschreibung darstellten.   Hierdurch ist die heutige Niedrigstufe des Menschheitlebens ersichtlich.   Ja selbst für die inneren, zarteren Weiterbestim-
mungen des Zeitlichen fehlen in allen Nunsprachen Worte.

Eine solche Sprache würde für die Menschheit eine wesentliche Wohlthat sein, ein kraftvolles Erziehmittel.   Schon die
Kinder würden dadurch die Uranschauungen weit mehr, als

die zeitherige Philosophie leistet, mitgetheilt erhalten, welches man bisher, voreilig, für unmöglich ausgegeben hat.

Auch ist klar, dass es widersinnig ist, eine Sprache bilden zu wollen, ohne das, was sie bezeichnet oder darstellt, zu kennen. Man muss das Geistleben in seiner Fülle, als Inglied des Urlebens im Urwesen, vollerkennen, um eine dem Ganzleben der Menschheit in seinem Vollstande würdige Sprache zu bilden. — Hier liegt der Grund des Misslingens sowohl der Volksprachen, als der von Wissenschaftforschern versuchten Allsprachen (z. B. von Dalgarno, Wilkins, Leibniz, Maimieux u. s. w.). Die Sprache ist ein Spiegel und Urmass des Geistlebens ihrer Erfinder. Sie ist ein Theilwerk, ein Ergebniss (Resultat) der Wissenschaft. Eben daher folgt die Forderung an das Menschheitleben, dass die Wissenschaftforscher mit Freiheit ihre Höherinkraft gebrauchen, um ihrem Tiefer- und Reicher-Schaun des Urwesens gemäss sowohl die wirklichen Sprachen höherzubilden, als eine neue urbildliche (Ursprache) zu schaffen und in Umlauf zu setzen.

§ 25.

Wir haben zunächst das dritte Glied oder das Vereinglied des Geistlebens, als des zu Bezeichnenden, mit dem Zeichenall, als dem Bezeichnenden, oder die Darstellung im Allgemeinen zu betrachten, oder den Hindeut, wodurch die Theile des Zeichengliedbaues auf die entsprechenden Theile des Geistlebengliedbaues bezogen und auf einander wechselgedeutet werden. Dies geschieht dadurch, dass beide zu Einer Anschauung vereinigt werden. So wird das Zeichen lebendig und erst zum Zeichen.

Denken wir uns zuvörderst einen Geist für sich allein sprechend, so kann ihm nur dadurch Sprache zu Stande kommen, dass er, als Ganzwesen über seinem Geistleben stehend, und über der Zeichenreihe, beide in einer höheren Vereinanschauung anschaut, in deren Thätigkeit er überschwebt von einer zur andern und beide als Ein Vereinganzes schaut. In dieser höheren Anschauung, welche ein Theil der Uranschauung des Geistes ist, schaut er an die Bezeichnetheit des Geistlebens und die Bezeichenheit (Bezeichnendheit) des Zeichenalls. Nur dadurch, dass er so beide vereint, stellt sich ihm nach dem früher erkannten Gesetze der Erinnerung (§ 12. S. 41—46) bei dem Anschaun des Zeichens das Bezeichnete aus dem Geistleben, und bei einem Theile des Geistlebens das entsprechende Zeichen dar.

Diese Vereinanschauung macht eigentlich erst die Sprache zur Sprache, durch sie wird die Zeichenwelt ein Ahngliedbau und zugleich ein fruchtbarer Ahngliedbau des Geistlebengliedbaues. Folgendes Gleichnissbild stellt dies dar.

Uranschaun Ewigschaun, Zeitlichschaun Urewigzeitlichschaun *)	Darstellung (Hindeut) Geistreihe ‖ Zeichenreihe Sprache.

Aber, durch die Vereinanschauung vermittelt, weckt die Sprache
als Ahmgliedbau des Geistlebens auch das Geistleben selbst.
Wenn Jemand auch nur von der deutschen Sprache alle einsilbigen Wurzelwörter und alle vorhandenen Vor- und Endlinge verbindet, so geräth er auf Begriffbezeichnungen, die er
noch nicht zusammengedacht, und so wird eine solche Sprache
gedankenweckend in noch höherem Grade, als bei dem Dichter
Versmass und Reim. Um wie viel mehr würde dies eine Sprache
leisten, die hierin vollwesentlich und nicht so mangelhaft
wäre, als die deutsche ist! Eine solche Sprache wäre ein
Bildungmittel der Jugend, eine allfolgebildliche Prüfung,
ob das Anschaun den ganzen Gesichtkreis gleichförmig er-
schöpfe. (Da müssten aber alle einfachen Begriffe durch einfache Zeichen angedeutet werden!)

Denken wir uns aber einen Geist, der seine Sprache
einem andern Geiste auf die uns Menschen jetzt einzig mög-
liche Art, durch leibsinnliche Anschauung, mittheilen will, so
kommt es einzig darauf an, dass in ihm dieselbe Vereinanschauung hervorgebracht werde, welche des Mittheilenden
Sprache zur Sprache macht. Was sich der Mittheilende vor-
gedeutet hat, soll der Angesprochene nachdeuten, oder eigentlich, mit Freieigenselbthätigkeit, sich nachvordeuten. Er vermag dies jedoch nur dadurch, dass er durch leibsinnlichen Hindeut in dem Andern die soeben betrachtete Vereinanschauung hervorruft. Dieser leibsinnliche Hindeut kann in Finger-
zeig, Kopfnicken u. s. w. bestehen, wenn er nur zu verstehen
giebt, dass man soeben den sinnlichen Gegenstand anschaue,
dessen Zeichen, sei es ein Ton, ein Zug, eine Geberde u. s. f., man
zu gleicher Zeit und gleich darauf auch anzuschauen darbietet.
— Durch das Vorbilden (Vorsagen, Vorschreiben u. s. w.) des
Wortes wird die Zeichenanschauung, durch den Hindeut die
Wesenanschauung (Anschauung des Objektes als des zu Bezeichnenden) hervorgebracht, und dadurch, dass beides zugleich geschieht, und der Mittheilende zeigt, dass er beide
Anschauungen thätig vereine (z. B. dadurch, dass er erst auf
das Wesen, dann auf das Zeichen, und zwar mehrmal, hinsieht, hinzeigt, hinnickt, sich hinneigt), wird der Angeredete

---

*) Oder: Uranschaun
        Abschaun
       Urabschaun
    (Aufvereinschaun)

veranlasst, nach den Gesetzen seines eignen Geistlebens das
Zeichen als Zeichen aufzufinden und anzuerkennen. Daraus
ist zugleich ersichtlich, dass Sprechen nicht die erste Mittheilung ist; sondern das Erste bei der Mittheilung ist die
Aufforderung, das Sinnliche selbst anzuschauen, dann folgt
das Anschaun des Zeichens an sich, hierauf der Hindeut, der
erst das Zeichen zum Zeichen macht. Dann erst kann Sprache
mitgetheilt werden. Sind erst sinnliche Dinge anschaulich gemacht und deren Zeichen anerkannt, dann ist es leicht, mittelbar auch unsinnliche Dinge darzustellen. Zum Beispiel

        ——————— als Hindeut auf Linie;

  ..... ——————— ...... als Hindeut auf Ur-Linie;

        [＿＿＿＿＿] als Hindeut auf Fläche;

        [＿＿＿＿＿] als Hindeut auf Urfläche;

          ⬡ als Hindeut auf Würfel;

           als Hindeut auf Ur-Würfel.

Dadurch wird schon der Begriff Ur = unendlich zum Theil
anschaulich werden.

In jeder einzelnen Sprache ist die Hindeutkunst eigen
auszubilden, und es verlohnt sich der Mühe, die allgemeinen
Gesetze derselben anzugeben. Für die Urschriftsprache z. B.
kann und muss ein Urwörterbuch verfertigt werden, welches
vermittelst leibsinnlicher Bilder sich selbst erklärt und vermöge seiner gesetzfolglichen Einrichtung selbst schon eine Ur-
belehrung über das Wesen der Dinge enthält. Wenn in dieser
Urschriftsprache ein Gliedbau der Wissenschaft geschrieben
und dazu dies sich selbst erklärende Wörterbuch gefügt würde,
so müsste es, auch zu einem ganz fremden Volke, ja selbst auf
den Venusstern, oder sonst zu einer Himmel-Menschheit ge-
sandt, verständlich sein, wenn nur dort dieselben Gesetze der
Sinnanschauung gälten, oder die daselbst geltenden uns bekannt
wären, falls sie anders sein sollten; denn in letzterem Falle
könnte das Urwörterbuch danach eigens eingerichtet werden*).

Ohne die Anschauung der Gegenstände und ohne den
Hindeut ist Sprache unverständlich, und Sprachunterricht leer
und schädlich. Daher war es ein Hauptmangel der sonstigen
Kinderlehre, dass man Sprachen ohne Sachabbildung und Erklärung und ohne gesetzfolglichen Hindeut lehrte. Daher
Wolke's, Basedow's und Anderer Verdienst in dieser Hinsicht
anerkannt werden muss.

Aber dieser Hindeut bezieht sich nicht nur auf einzelne
Wörter, sondern auch auf das allgemeine Gesetz und die in

---

*) Ursprachgesetzlehre (Urgrammatik), die sich selbst erklärt.

ihm enthaltenen Gesetze der Zeichenwelt (der Sprache), welche
nur Zeichengleichnisse sind des ähnlichen Gesetzes des ganzen
Geistlebens, und deren Kenntniss man gewöhnlich unter dem
Namen der Grammatik oder Sprachlehre begreift. Auch der
Hindeut darauf ist wesentlich. Und so gut übrigens der
Sprachunterricht eingerichtet sein möge in Ansehung der Wort-
bedeutungslehre durch Anschauung und Hindeut, so mangelhaft bleibt er, wenn nicht die Geistgesetze angeschaut werden, und die Mittel, sie sprachlich zu bezeichnen, durch gesetzfolglichen Hindeut gelehrt werden*). Sie sind der Sprachwissenschaft und der Sprachkunst so wesentlich, als dem Geistleben und der Lebenkunst die Kenntniss der Geistlebengesetze
in Logik und noch höheren Wissenschaften sind.

§ 26.

Die Sprache ist eine Abspiegelung des Geistlebengliedbaues. Man kann gegen diese Bestimmung einwenden, dass
ein grosser Theil unserer Ton- und Geberdensprache leiblichen Ursprunges ist, indem sie beide die Gegengewirktnisse
des Leibes gegen Aussenanwirknisse sind. Allein, sofern einige
Grundbestandtheile der Sprache bloss eine den Anwirknissen
entsprechende Reihe von Gegengewirktnissen sind, sind sie
eigentlich nicht Sprache, weil sie nicht durch Freiheit ge-
wählte Zeichen, sondern unwillkürliche Naturerfolge sind. —
Und doch müssen sie erst, wenigstens im Hörenden, geistleb-
lich auf jene Anwirknisse bezogen werden, wenn sie für den
Hörenden und den Sehenden Sprache sein sollen; also müssen sie
erst in das Bewusstsein eingehen, also ingeistig werden. — Inwiefern bei diesen Lebensäusserungen des Leibes die Natur,
als solche, und die Ganzkraft des Menschenleibes doch eine
naturfreie Sprache rede (wie z. B. in den portentis u. s. w.
der Alten geahnt wurde), ist eine ganz andere Frage. Aber der
Geistlebengliedbau steht in Weseneinheit und in Lebenvereine
mit dem Urgliedbau aller Dinge im Urwesen. Freilich kann
hier die Anschauung des Wesenurgliedbaues nicht entfaltet,
sondern sie muss, wenigstens als Ahnung, schon vorausgesetzt
werden. Der Geist anschaut, empfindet und will in Beziehung
auf den Wesenurgliedbau. Er selbst ist, als Erkennendwesen,
ein eigenbestimmter, eigenbegrenzter Spiegel des Urgliedbaues

---

*) Einige Erzieher haben darin gefehlt, dass sie meinen, das Zu-
hören und Hindeuten auf die einzelnen Gegenstände der Anschauung sei
hinreichend, eine Sprache nicht nur überhaupt, sondern best- und kür-
zestmöglich zu erlernen. Dies ist zum Theil in Ansehung der Wort-
kunde wahr und immer noch vorzüglicher, als der sonstige Schlender-
gang. Doch muss auch selbst diese Methode, was die Erlernung des
Sprachschatzes betrifft, gesetzmässig und gleichförmig (wahrhaft syste-
matisch) und wissenschaftlich sein. — Doch zu Erlernung des Sprach-
gliedbaues ist die Sprachgesetzlehre (Grammatik) gleich wesentlich.

der Dinge in Urwesen; und es begegnet ihm hierin etwas
Höheres (von Oben), sowie dem Wassertropfen, wenn in ihm die
Sonne sich abbildet, und er ihrer Liebewirkung antwortet in
Wärme.

In der Forderung, die Sprache solle ein dem Geistlebengliedbau entsprechender Zeichengliedbau sein, liegt also die
höhere: dass ihr Gliedbau dem Urwesengliedbau selbst ent-
spreche als ein zwar beschränktes, aber treues Gleichnissahm-
bildthum*). Nur dann ist Sprache der Menschheit vollwürdig.
Wäre eine Sprache in diesem Geiste gebildet, wenn auch noch
nicht vollendet, so würde sie den Menschen in die Wahrheit
leiten, den Irrthum, als solchen, bezeichnen und vor ihm sicher
stellen. Soll dies geschehen, so muss freilich das Geistleben derer,
die sie bilden, den Urwesengliedbau der Dinge spiegeln, sie
müssen schon die Eine Urwesenwissenschaft, so weit sie darin
gekommen, gliedbaugebildet haben. Ist dies aber geschehen,
so erlernen die Uebrigen schon mit der wissthumlichen Sprache
Weisheit. Schon die Sprache leitet sie empor zu der Anschauung des Urwesens, zu der Inerkenntniss aller Dinge in
ihm. Die Sprache wird für sie ein Geistlebenreiz und eine
Erweckung. Die Erfinder solch einer Sprache würden Wohl-
thäter der Menschheit**).

---

*) Also soll sie eine Abspiegelung des Weltalls sein; allein dieser
Ausdruck ist unbestimmt. Eigentlich kann dies Wort bloss das Ganze
aller Aburwesen (endlichunendlichen Wesen) im Urwesen als Intheile
des Urwesens bezeichnen. Es fehlt in ihm das Merkmal der Einheit; denn:
All deutet auf Vielheit, und zwar auf den blossen Vollstand der Vielheit hin.

**) Anderwortige Darstellung des Ebengesagten.
Betrachten wir das Geistleben, so ist zu untersuchen, ob es als
alleinstehend, oder als wechselvereint mit den übrigen Theilwesen erscheint; da das Geistleben doch nicht alles in allem ist, also ausser
ihm noch Mehreres ist. Wir wissen aus andern Untersuchungen, dass
das Geistall als Intheil des Urwesens erscheint, und dass ferner in dem
Geistall das Geisterall enthalten ist. An uns als Menschen zeigt es sich,
dass Geist und Natur mit einander vereint sind; dies ist aber nur die
Vereinigung eines einzelnen Geistes mit einem bestimmten Theile der
Natur. Es kann ja auch eine Vereinigung des Geistalls und des Naturalls ursein, und ein Verein des Geistalls mit dem Urwesen, und nicht
nur ein Verein des Geistalls, als solchen, sondern jedes einzelnen Geistes,
des Geisteralls mit dem Urwesen, dem Naturall und mit allen Intheilen
des Urwesens. Dies kann nun durch das Urwesen mittelbar, oder unmittelbar bewirkt werden. Da nun der Zeichengliedbau das Geistleben
in seiner Allbeschaffenheit darstellen soll, so muss er auch diese Vereinigung und Spiegelung aller übrigen Wesen im Geiste darstellen und
bezeichnen können. Da sich nun im Geiste das Urwesen, das Naturall
und alle übrigen Theile des Urwesens, nach der endlichen Art des Geistes,
spiegeln, also darin vorhanden sind, so muss auch die Zeichenreihe alles dies
bezeichnen. Es muss Zeichen, z. B. in der Tonsprache Worte, in der
Schritsprache Raumnisse, geben, welche das Naturall, das Geistall und den
Verein beider bezeichnen, und wo man sogleich an dem Zeichen erkennt,
welche Stelle im Urwesen das Bezeichnete einnimmt. So gut, als das

Alle einzelnen Zeichen der Sprache müssten sogleich, als einfache Zeichen, die Bestimmung erhalten, welches der Grundwesen des Wesengliedbaues sie bezeichnen (ob Urwesen, Geistwesen, Leibwesen, oder deren Vereinwesen), und in welchem derselben das Wesen, das sie bezeichnen, insei.

Allerdings leistet dies keine der bisherigen Sprachen, allein auch die Urwissenschaft ist in dieser Menschheit noch nicht gestaltet, und überhaupt dies Menschheitleben noch unreif. — Die Ursprache ist ebenso ein Werk des Menschheitlebens, als selbst eine Kraft, das ganze Menschheitleben höher zu bilden. Eine Ursprache kann auf dieser Erde nur dann gemeinsam werden, wenn und wann das Menschheitleben urbildlich und selbst eigenvollwesentlich geworden.

§ 27.

Die Sprache muss daher auch alle Weseneigenschaften des Urgliedbaues der Wesen im Urwesen in ihrer Eigenbeschränktheit annehmen. Das ist

1. Ureinheit*) und Ureinerleiheit;
2. Vielheit und Urverschiedenheit in der Ureinheit und Ureinerleiheit;
3. Vieleinheit, d. i. Einheit der Einheit und der Vielheit, und Einerleiheit der Einerleiheit und der Urverschiedenheit;

Wesen dies an sich hat (an sich urist), als es zu seiner Wesenheit gehört, dass es diese bestimmte Stelle hat, so müsste dies auch dem Worte wesentlich sein. Es müsste also an diesen Zeichen ausgedrückt sein, ob das Bezeichnete ein Erstttheil, oder Zweittheil, oder nt-theil des Urwesens ist. Dies könnte weit kürzer geschehen, als bis jetzt durch alle umschreibenden Worte voreilig und ungenügend geschieht, da man diese Verhaltheit zum Theil noch nicht kennt.

Aber, könnte man sagen, so ist keine der bis jetzt unter den Völkern gebräuchlichen Sprachen gebildet. Ist also die hier vorbildlich entworfene Sprache die richtige, so sind alle zeitherigen Sprachen unrichtig geschaffen. Freilich ist es so. Keine Sprache hat alle diese Regeln in sich ausgedrückt, keine ist in dieser Hinsicht (in Hinsicht ihres Grundentwurfes) urbildgemäss; sie streben einzelnen Vollkommenheiten nach, ohne Ueberblick des Ganzplanes. So trachten einige Sprachen nach Wohllaut und verlieren dadurch an Deutlichkeit und an Kürze. Wie verschieden ist z. B. im Deutschen die Bedeutung des Wortes: Natur! Es bedeutet nämlich das Wesentliche, das Eigenwesentliche, das uns Umgebende, das Leiball, die ganze Welt.

Allerdings finden wir in den ausüblichen Sprachen Bezeichnungen der Verhaltheit der Dinge im Ganzen, z. B. in, vor, über, unter, neben u. d. m., allein nur planlos, unvollständig, unbestimmt, ohne die Wesenstufen und die Seinarten gebührend zu unterscheiden und allfolgebildlich zu vereinen (vollwesentlich zu vereinbilden); nur für den Verstandgebrauch durch den Verstand gebildet, und nur vom Leibsinnlichen entlehnt und höher aufwärts gedeutet.

*) Sowie bei den Zahlen die Einheit das ist, worauf alle Zahlen bezogen werden, und worin alle Zahlen entstehen, so ist das Urwesen die Einheit für die Sprache.

4. Die allgemeinen Urverhältnisse der Inunterordnung und der Innebenordnung, sowohl selbständiger, als vereinter Wesen, müssen in der Sprache nachgeahmt sein, und da jedes Wesen eine bestimmte Stelle im Urwesen einnimmt, so ergeht daraus die Forderung, dass jedes Wesenzeichen das Wesen urstelle im Urwesen*), es urwesenstelle (orientire).

Ferner: alles Bilden aller Urverhältnisse und alles Entbilden derselben muss als Grundhandlung des Geistes in der Sprache bezeichnet werden, als: wie sich Urwesen verhält zu der Vernunft, so die Vernunft zu dem Gesuchten, d. i. der Welt der Ideen. Bei dieser Handlung wird dasselbe in höherer Stufe verrichtet, als in der sogenannten Multiplication der Grössen in der Mathematik, z. B. $3 \cdot 3 = 9$ heisst: $1 .. 3 = 3 .. 9 \parallel$ Urwesen $..$ Vernunft $=$ Vernunft $..$ Ideenwelt. (Das Zeichen $\parallel$ bedeutet den Parallelismus oder die Nebenähnlichkeit und kann ausgesprochen werden: „ähnlich, wie".) Denn, sowie in der Grössenlehre eigentlich die Ureinheit das Urganze dieser Art von Grenzform ist, z. B. in der Linienlehre die Urlinie, so ist an sich das Urwesen die Ur-wesen-einheit in jeder Hinsicht für Alles und Jedes. In der Bestimmung der Einheit ist nur Willkür, wenn urendliche Grössen angeschaut werden. Ebenso hat die in der Grössenlehre nur in untergeordneter Sphäre enthaltene Handlung des Dividirens (Entverhaltbildens, Entvielens, vgl. Anm.**) S. 70, einen Urwesensinn, z. B.: Vernunft, entverhaltet (dividirt) durch Vernunft, führt hinauf zu dem Urwesen, weil Vernunft zu Urwesen $=$ Vernunft zu Urwesen ' $3 .. 1 = 3 .. 1$**). — Diese Aufgabe zu lösen, voreilerklären Viele für unmöglich, aus Mangel der Wesenerkenntniss der Sprachbildung. — Leibniz hat zuerst,

***

*) So ist ein Zeichen des Urganzen (Unendlichen, des Urwesens) und des Theilurganzen oder Aburganzen (wie es an dem Naturall und Vernunftall ist) erforderlich.

**) Das Ganze der Sprache muss sich in der Bezeichnung jedes einzelnen Urwesenintheiles ähnlich und dennoch eigenartbestimmt wiederholen, sowie sich die Urwesenheit des Urwesens in Natur und Vernunft und in jedem seiner Intheile treulich spiegelt. — So z. B. in der Bezeichnung des Naturalls und dessen Ingliedbaues. Alle die einzelnen Seinartbestimmnisse müssen durch Weiterbestimmnisse des Einen Zeichens erlangt werden, welches: Naturall bezeichnet, und zwar kurz, deutlich, leicht und schön, sowie alles in der Natur kurz, deutlich, leicht und schön inist und inlebt. Und zwar muss die Inbezeichnung des Naturallingliedbaues so der Bezeichnung des ganzen Urwesengliedbaues in allen Theilen gemäss sein, dass sie das Ganze in dieser bestimmten Sphäre nachahmt, so dass auch jede Eigne (Eigenschaft) der Natur sogleich zeigt, welcher Urganzeigne des Urwesens sie entspricht, und welcher im Vernunftall. Und so soll bei allen Ingliedern und Ineignen jedes Theilwesens im Urwesen die Ueber-neben-unter-Wesen-Eignen-(In- und Grenzeignen-)gleichheit [der All-Ein-Parallelismus des Urwesengliedbaues] in der Ursprache erkennlich sein.

soviel ich weiss, jedoch ohne klare Anschauung, diese Forderung ausgesprochen *).

Hieraus ist auch der Urwesensinn des grösselehrlichen Potenzirens und Depotenzirens**) klar; und diese Theilurforderung an die Sprache könnte in untergeordnetem Ausdrucke auch so bezeichnet werden: alle einfachen Zeichen (Wörter) derselben müssen einen Urwesenexponenten haben. So seltsam und leer das Verfahren wäre, wenn ein Grossheitlehrer (sogenannter Mathematiker) einen algebraischen Kalkül ohne Exponenten geben und unternehmen wollte, ebenso ein Sprachbildner, der den Wörtern die Urwesenzeiger (Urexponenten) fehlen liesse. Ebenso unbesonnen und eitel ist alles zeitherige wissenschaftliche und gemeinlebliche Denken.

Daher dürfen wir uns nicht wundern, wenn alle bisherigen Sprachen ohne diese Urwesenzeiger sind. Das Wort: Mensch z. B. müsste mir als Wort sagen, dass von dem Invereinwesen des Urinvereinwesens die Rede sei, welches ein Gottgeistleib ist. Das Wort: Natur müsste bezeichnen, dass das Urzweitwesen der ersten Intheilung im Urwesen bezeichnet werde.

Wenn dagegen gesagt würde: wie schön klingt das Italienische, Spanische u. s. w., auch ohne jene schwärmerischen Forderungen —, so geben wir dies zu. Aber die bemerkte Unvollkommenheit ist viel nachtheiliger, als diese Vollkommenheit vortheilig ist. Hier ist Bezeichensamkeit das Erste, der Wohllaut aber ist untergeordnet-wesentlich. In jenen Wohllautsprachen schreibt man Ablassbullen, Passierzettel zum Fegfeuer, der darin wohllautig gesprochene Unsinn und die darin als Gesetz ausgesprochene Menschheitentweihung wirkt uns nun rein-schrecklich an (wie ein Medusenhaupt!). — Und die Urwesensprache kann alle Urforderungen nach der ganzen Abstufung ihrer Wesentlichkeit erfüllen und dabei einen noch weit höheren Wohllaut sich eingestalten, als alle jetzigen Sprachen***).

Was mithin die Algebra-Sprache für die allgemeine Grossheitlehre, dies und noch weit mehr würde die Ursprache für die Eine Wissenschaft sein; weit mehr, weil in höherem

---

*) Siehe die Auszüge aus seinen noch ungedruckten Handschriften.
**) S. Allgemeine Ganzheitlehre in: Krause's Philosophischen Abhandlungen, 1889, S. 286 ff.
***) Eine Sprache, die kurz und richtig bezeichnet und dabei hart lautet, hat daher dennoch im Höherwesentlichen den Vorzug vor einer noch so wohllautigen, aber weitschweifigen und unrichtig bezeichnenden. — Schönklingende Sprachen, welche dabei falsche Bezeichnungen gestatten, sind durch ihre einseitige Schönheit um so gefährlicher, ja sind durch ihre Aussenschönheit bei Inschlechtheit wahrhaft schrecklich-furchtbar, wie das schöne Medusenhaupt, die homerische Skylla, schöne Harpyienoberleiber.

Umkreis allumfassend; weit mehr, weil die Algebra-Sprache in ihrer Art nur ein Roh-Anfang ohne Plan und Kunsttiefe ist. — Aber richtig sah im allgemeinen Leibniz dies ein, konnte sich jedoch zu der urtiefen Einsicht nicht erheben, weil er von der Algebra-Sprache aufsteigend ahnete, nicht in der Urwissenschaft absteigend bildete (urwusste)*).

Wird die deutsche Sprache urbefreit und urgeedelt und entmissgemeinet, so kann sie unter den jetzigen europäischen Sprachen die wissenschaftlichste werden; noch mehr, wenn gestattet würde, die fehlenden wesentlichen Urstammsilben hinzuzunehmen, wie für: Natur, Geistwesen, Person u. s. w.

Aber wird nicht ein jeder Wissenschaftbildner in seiner selbgeschaffnen Sprache seine einseitliche Weltansicht dem Volke aufdringen? — Nein! Denn der Wahrheitgeist lebt in der Menschheit**). Und die wahre Urwissenschaft kündet sich selbst so urtief, so urallseitlich an, dass sie selbst jede Einseitlichkeit, als solche, zu erkennen giebt. — Und wenn nur diese Weltansicht, die sich in der neuen Ursprache dem Volke darbietet, die Menschheit im Erkennen und, mittelbar, im Leben eine, oder einige Stufen höher hebt und so geeignet ist, dass durch sie auch die Beurtheil- und Prüfkraft der Völker geweckt und neu gestärkt wird, dann ist die neue Sprache bei aller Unvollendetheit dennoch ein fruchtbarerer, weil neu befruchteter, Ahngliedbau des Urwesen- und Geistlebengliedbaues, ein Höherreiz zum Allgottahmleben der Menschheit.***)

Gesetzt, es wären über die Grundstufung der Wesen in Urwesen (über den Urweseningliedbau) und über die Verhältnisse der Wesen, über ihre In- und Aussen-, Selb-, In-, An- und Verein-Verhältnisse — Irrthümer in diese neue Sprache aufgenommen, so wird der Urgeist der Menschheit sie dann bei der strenggesetzlichen Bildung dieser Sprache leicht ausreinigen. — Und welche Irrthümer, Geist- und Gemüthgreuel, welche Menge des Schön- und Menschheitlebenwidrigen entstalten alle zeitherigen Sprachen, keine einzige ausgenommen! —

---

*) Diese Behauptung wird bestätigt durch alles das, was hierüber in Leibnizens handschriftlichem Nachlass im Jahre 1812 sich vorfand.

**) Auch wird der Urwissenschafter, selbst im Allvereinleben der Erdvölker gebildet, alles Wesentliche, was die bisherigen Volksprachen und das bisherige Volkleben enthalten, aufnehmen, aber alles, was er als dem Urbilde des Lebens und der Sprache widrig erkennt, weglassen. — Dieser Weglass ist in den Volksprachen nur sehr beschränkt möglich, und es giebt angeborne Misseigenschaften in jeder Volksprache, die einer jeden eigenlebwesentlich sind, mithin gar nicht entfernt werden können, ohne die stetige Einheit ihrer Bildung aufzuheben.

***) Wenn auch Wesenwörter zum Theil noch irrig, einseitig, mangelhaft sind, so ist dieses hinsichts der Entfaltung des Menschheitlebens kein Uebel, vielmehr ein Wecksal gründlicheren Nachdenkens, weiterer Ausbildung der Anschauung durch die Nachfolger.

Verwirrung im Reden kann nicht entstehen, sobald nur das
sich selbst erklärende Wörterbuch da ist.

Abgesehen von der Art, wie Jemand annimmt, dass die
Wesen der Gliedbauform entsprechen (von der Construktion
der Urschematen), sind gewisse Urformen dem Geiste anschaulich, denen die Anhänger jedes Systemes Giltigkeit beimessen.
Dergleichen sind die Urverhältnisse des Selbständigen und
Inständigen, des In-, Neben-, Unter-, An-, Durch-einander, der
Zahlheit, Grossheit u. s. w.   Diese Grundverhältnisse (syn-
thetischen Prinzipien) können also in der Urwesensprache für
alle Menschen und für alle Zeiten geltend festgesetzt werden
und dienen dann, so lange noch Verschiedenheit der Systeme
stattfindet, einem jeden derselben zur Bezeichnung seiner
eigenthümlichen Ansicht.

§ 25.

Auch angenommen, dass die eigenlebliche Geistansicht
(eigengeistige, geisteigne [subjektive] Ansicht) mit dem Urweseningliedbau übereinstimme, scheint eine doppelartige Ausbildung der Sprache möglich. — 1. Zuerst eine geisteigne (subjektive), nach der Fernscheinheit (Perspektive) des Geistes gebildete, wo der Mittelpunkt der eigenlebliche redende Geist
selbst, das Ich, ist; 2. dann eine urwesengemässe (objektive).

Sowie nun im Leibauge am Himmelraume fernschein-
lich der ganze Himmelbau offenbar wird, so auch in der
geist-fernscheinlichen (subjektiv-perspektivischen) Sprache der
ganze Urwesengliedbau.

Ist aber einmal die urwesengemässe Sprache da, so ist
die andere nur ein einzelner Intheil von ihr; denn jedes Wort,
jeder Satz der ersteren lässt sich sogleich in die Fernscheinan-
sicht (Perspektive) jedes Wesens übersetzen; denn jedes Wesen
hat in ihr seine Wesenbezeichnung, und jeder Zeiger lässt
sich in jeden andern übertragen, weil alle bezeichneten Wesen-
verhältnisse und Wesenverhaltbildungen (Operationen) sich jed-
stuflich umsetzen lassen; sowie im Urraume, man nehme
einen Punkt (eine Raum-Urgrenze), wo man will, und ebenfalls
den Schwerpunkt, wo man will, überall ein bestimmtes Oben,
Unten, Aussen u. s. w. gegeben ist, und zwei Punkte in einander übersetzbar sind.

Man darf in der Ursprache dann nur ein bestimmtes
Zeichen für: geistfernschaulich annehmen und jedem so bezeichneten Worte dieses Zeichen beigeben. — Da die genaue
Selbbeobachtung überall dieselbe Stufenfolge der Wesen zu
erkennen giebt, nur von dem Standorte des Geistes aus, so
unterscheiden sich die Wesenzeichen nur durch die Exponenten.
Wenn also für: Ich das Zeichen des Wesens ○ mit dem Bei-
satze ⌒ ich gewählt wird (⌒○ oder ○), so wird auch ▢ meine

Wesenheit, △ meine Formheit, ⊥ meine Kraft bedeuten; ferner
◦ ○ ich als eigenleblich Wesen, ⁖ ○ ich als urallzeitliches
Wesen bezeichnen.

§ 29.

Aus welchem Gebiete der Wesenheit immer die Zeichen
genommen werden, so ist eine völlig wesengemässe Sprache
dieses Gebietes nur indurch die vollwesentlich, also eingliedbaulich gebildete Wissenschaft dieser Wesenheit möglich.

Also 1., sind es Raum-Wesenzeichen, so wird zu einer
vollwesentlichen Raumsprache die Raumlehre vorausgesetzt,
und zwar inhalb der Einen Wesenlehre gebildet*).

Da die Raumlehre urunendlich ist, so hat auch die
Raumsprache eine urganze, urunendliche Aufgabe. Denn z. B.
jede Krummlinie hat ihren Ursinn.

Anm. Sind es Raumbildzeichen, d. i. ist eigentlich das
Leibwesen der Gehalt des Zeichenthums, so wird Leibwesenlehre vorausgesetzt, und dafür auch Raumlehre.

2. Sind es Tonzeichen, so ist die Tonheitlehre dazu wesentlich (wobei die Tonzeichen a) rein, b) als Gemüthzeichen betrachtet werden).

Art des Lautes.	Grenzheit des Lautes.	Inkraft des Lautes.
a) reingestaltlich (Vokal),	a) reingrenzig (Vokal),	b) artheitlich, (hoch und tief),
b) stoffartlich.	b) gliedgrenzig (Consonant).	a) reinganzheitlich (piano und forte, stark und schwach).
A	B	C

Sodann ist jedes Glied (A, . . .) mit jedem andern (B, . . .)
zu verbinden.

§ 30.

Also, da Sprache**) das ganze Wesentliche eines Wesens

---

*) Das Verständniss und der Hindeut beruht darauf, dass das Zeichen in der Lebreihe des Sprechenden und als von diesem als Zeichen behandelt (nicht allemal hervorgebracht) in sich unbefriedigt erscheint, dass es das Bezeichnete fordert.

Das, was Zeichen ist (lebwird) ohne Freiheit, ist zu unterscheiden von dem, was mit Freiheit zum Zeichen gemacht und dann aus inneren Gründen als Zeichen angewandt wird.

**) Sprache ist die Eine Ab-Selb-Spiegelung, Darbildung des Urwesens in sich selbst.

Die Sprache Urwesens ist allwesentliche Selbanerkennung des Urwesens in seinem ganzen Inwesenthume indurch die in sich dreifache Uranschauung 1. des Ganz-Urwesens, 2. jeder In-Theilheit des Urwesens, 3. des vollwesentlichen Gliedbauentsprechens von 2 und 1.

Auch Urwesen redet in sich, mit sich. Urwesens Selbsprache ver-

zeichenlich (anderwesentlich) darbildet, so setzt sie auch dazu
voraus, dass das

$$
\left.
\begin{array}{c}
\text{ganze Wesentliche} \\
\hline
\text{urwesentlich} \\
\overbrace{\text{ewig} \qquad \text{leblich}} \\
\text{urewig-verein-lebwesentlich}
\end{array}
\right\}
\qquad
\begin{array}{c}
\text{selbsei} \\
\text{(selbständig dasei).}
\end{array}
$$

Die Sprache des Geistwesens insonderheit setzt voraus, dass
das Geistwesen ur-, ewig-, leblich-, urewig-, ..., ur-leb-ewig-
selbei, und also auch, dass der Geist die Urwissenschaft gliedbaulich gebildet habe.

Zeitlich betrachtet, ist allerdings die Sprache auch, umgekehrt, Mass und Hilfmittel der Wissthumweiterbildung.
Wissthumbau lebwird, und demgemäss lebwird Sprache, und
umgekehrt. Allein, obgleich hier Wechselwirkung ist, so ist
doch in dieser Wechselwirkung das Selbsein des Geistwesens,
also in dieser Hinsicht der Wissthumgliedbau, das Ehere.

---

nimmt kein Wesen ganz, ausser nur Urwesen; aller andern Wesen Sprache
ist Intheil der Selbsprache Urwesens. Und sowie schon in menschlicher
Sprache alle einzelne Arten von Sprachen vereint werden sollen in die
Eine ganze Menschheitsprache, so ursind in Gott alle diese Sprachen
vereint als Inglieder der Einen Urwesensprache, und in ihr ist auch
die Rückspiegelung aller Theil-Menschheitsprachen urvollendet.

Anhang I.

Wesentliche Einzelsätze zu der Wesensprache der Menschheit.

1. Zu der Urwesensprache überhaupt.
2. Zu der Urwesenzeichensprache insbesondere.
3. Zu der Urtonsprache insbesondere.

Zur Grundlautlehre.

Das Reintonliche der Grundlaute.

Reden ohne Stimme (lispeln, zischeln) und Reden mit Stimme, mit eigentlichem Klange. Beim Zischeln schleicht die Luft, die aus der Brust hervorgedrückt wird, vor der Stimmritze, dem eigentlichen Lautwerkzeuge oder Stimmwerkzeuge, vorbei, ohne dass dieses anspricht (so kann man es auch bei der Flöte, auch bei dem Pfeifen mit dem Munde machen).

Daher: Brustlaute (Stimmlaute oder Vokale) und Grenzlaute, die, als solche, stumm sind, wovon aber bei einigen das Stimmorgan mit anspricht (Brausen, das an dem Luftröhrkopfe aussen gefühlt wird).

1. Von den Brustlauten.

Ihre Art hangt ab

a) von dem Hauptschallraume, Zahngaumkehlraume; — wobei, wie z. B. bei dem ä, e, i, auch die Backenstellung (und das Backenziehen, geberdig, wie bei Taubstummen) in Ansprache kommt (zur Vollkommenheit der Vokale dient).

b) von dem Hilfschallraum, Lippenschallraum.

Wesentliche Bemerkung. Durch die Bewegung der Lippen wird bei a, ä, e, i, o, u, ö, ü dem Lippenschallraum auch auf entgegengesetztliegende Art (weil die Zähne feststehn) eine der dabei erforderlichen Gestalt des Hauptschallraumes ähnliche Gestalt gegeben.

Sowie das urendlich Gottwidrige in Gott selbst ist, so müssen auch die diesem entsprechenden Zeichen in der Urwesensprache möglich und wirklich sein; allein das Urwesenwidrige muss, da es selbst gliedbaulich gebildet ist, sogleich für den Urschauenden erkennbar sein. *)

A) Wesen (Gott) ist in sich gleichwesentlich (gleichartig), also auch in jeder seiner Theilheiten, mithin auch in seiner Ganzwesenheit, sowie in dem Gliedbau seines Inwesenthums; folglich ist auch der Gliedbau des Wesenthums gleichwesenheitlich dem Gliedbau des Eignethums, d. i. der ganzen Wesenheit des Wesens; mithin auch noch der Gliedbau jeder Eigne in jeder Stufe; mithin der Zeitheit, der Raumheit u. s. w.

B) Der Gliedbau der Urwesensprache soll dem Gliedbau der Wesen selbst entsprechen. Folglich

C) mit denselben Zeichen, womit der Gliedbau der Wesen bezeichnet wird, soll auch der Gliedbau der Eignen bezeichnet werden.

Ich bin gewiss, dass ich in meiner Urwesensprache, sowohl in der Urzeichen-, als in der Urtonsprache im Erstwesentlichen übereinstimme mit der urbildgemässen Sprache der vollwesentlichbelebten und -lebenden Menschheit und Geisterheit. Es ist diese Sprache eine göttliche Erfindung, urerhaben über meine Eigenselbheit der Stufe der Seinart nach (nicht: der Wesenheit nach).

Es gälte mir gleich, ob ich sie selbst erfunden, oder erlernt habe, wenn ich sie nur voll hätte, wenn ich sie nur meinem urgeliebten Erdgeschwisterthume mittheilen könnte!

§ 3.

Das Zeichen hat allemal hinsichts des Bezeichneten Gegenwesenheit, welche hinsichts Wesens allemal Theilwesenheit ist. Gut ist ein Zeichen allemal nach Massgabe der Gleichwesenheit in der Gegenwesenheit.

Vermöge der Gegenwesenheit ist ein jedes Zeichen allemal theilungenügend. Leicht lernbar ist jedes Zeichen nach Massgabe der Gleichwesenheit und Gliedbauähnlichkeit mit dem Bezeichneten. Denn, je vernunftgemässer ich mich mit Vernunftgemässem beschäftige, desto leichter gelange ich zur Fertigkeit. Je willkürlicher dagegen und unähnlicher ein Zeichen hinsichts des Bezeichneten ist, desto mehr hangt es vom blossen Schallgedächtniss ab.

---

*) Es ist wesentlich, dass mit angeführt werde die Wesenheitbeziehung der Wesensprache auf den Gliedbau des Menschheitlebens und auf den Menschheitlebenbund und auf den Menschheitlebenurbund.

Z. B. Das Raumschem für den Wesengliedbau (vgl. die Tafeln zum Emporleitenden Theil der Philosophie, zur Erkenntnisslehre und zur Lebenlehre) ist hinsichts der Eintheilung selbst ein Theilwesentliches; sofern es Begriffeintheilung andeuten soll, ein Gegenwesentliches, eigentlich: ein nebenuntergeordnet Theilwesentliches, weil es nur Raum-Eigenleb-Betimmniss ist. Daher bezeichnet es durch das Aehnlichgegenwesentliche und taugt zum Schem.

Kürze kommt von selbst, sie darf nie zum vorwaltenden Zielsatze gemacht werden.

Die Einfachheit und Kürze des Wortbuchs und der Sprachgesetzlehre der Urwesensprache wird überraschend gross sein.

§ 4.

Es ist auch der Gliedbau des Allgemein- und Unbestimmt-Beredetbezuges festzusetzen. Ganz allgemeiner ist: „es", allgemein menschlicher ist: „man — (Mann, Mensch/", wenn das unbestimmte Subjekt ein Mensch ist.

§ 5.

Ueber Wesenleibzeichensprache

(gemeinhin Geberdensprache genannt).

Nun wird es leicht sein, die Wesensprache auch in Geberdezeichen des Leibes darzustellen und so auf alle Weise, mit allen Hilfsmitteln unterstützt, auszubilden.

a) Malen der Wesenzeichen mit dem Zeigefinger, oder mit der ganzen Hand, oder plastisch durch den Kreis, welchen der Zeigefinger mit dem Daumen bildet.

Lehrsatz. Meine Wesenzeichensprache kann ganz (bloss) mit den Händen dargestellt werden.*) Diese Geberdensprache ist die herzinniglichste von allen Sprachen.

Lehrsatz. So lässt sich die Wesenlichtzeichensprache und die Wesentonzeichensprache zugleich reden. Wie angeistend! wie angemüthend! wie weseninnigend und einigend!

---

*) Der Zeigefinger kann in der Nähe, die ganze Hand in der Ferne die Wesenzeichen in die Luft zeichnen; die unvermeidlichen nichtgeltenden Bewegungen werden dadurch angezeigt, dass während selbiger der Zeigefinger, oder die Hand eingeschlagen wird.

Wären nur die Tonvolksprachen soweit vervollkommnet,
als unsere Tonkunst für sich selbst es ist! — Man halte den
Text jeder schönen Arie gegen die darin entfaltete Tonwelt!

Die Wesensprache *) ist von allen Sprachen die leichteste
zu erlernen. Schon der Bedeut der Urlaute ist Abriss des
Wissenschaftgliedbaues! Heil dem Kinde, das erst diese versteht!
Und wie erleichtert sie den Wissenschaftbau selbst!
Schon Volksprachen (Ahnsprachen der Wahrheit!) lassen sich
durch Tafeln der Vor-, Ur- und Endlinge und Endnisse zum
Gliedwerkzeuge der Wissenschaft veredeln!

Wir finden auf dieser Erde vorzüglich zwei Arten Tonsprache:
  1. Ohne geschmeidige, bloss dienende Hilflaute, Wortlinge und Endlinge:
        a) wo jede Spelle einen besonderen Ton hat (sogen.
            einsilbige Sprachen, z. B. das Sinesische).
        b) wo zwar Sammsetzung statthat, aber doch die Wort-
            linge unverschmolzen sind (die meisten Volk-
            sprachen).
  2. mit geschmeidigen Wortlingen:
        a) sanskritischer Sprachstamm,
        b) semitischer Sprachstamm.
Die Wesensprache soll das Eigenwesentliche aller dieser
Sprachentfaltungen gleichförmig und vollwesentlich und frei-
anwendbar in sich aufnehmen (in sich darbilden).
Die Mannigfalt des Lautes bei Wörtern, welche Arten
und Unterarten derselben Gattung bezeichnen, wird in der
Wesentonsprache auf wesengemässe Art erlangt, so dass bei
aller Mannigfalt die Artgleichheit hörbar (und in der Wesenzeichensprache sichtbar) wird. So erkennen wir in allen
Pflanzen dasselbe, aber eigenwesentlich mannigfach ausgebildet. Eben so kann und soll es in der Sprache sein.

Unsere Volksprachen streben vorzüglich darum nach Kürze:
  1. weil sie an sich sehr viel unnützes Gelaut haben
      (unnütze Weitläufigkeiten) in Urlingen, Wortlingen
      und Endnissen;
  2. weil sie nach Wohllaut streben müssen wegen ihrer
      angebornen Härten.
In der Wesensprache fällt das Erste weg, weil darin
nichts Unnützes; und das Zweite ist viel vollkommner an
sich selbst, wegen des gleichschwebenden Verhältnisses der
Brust- und Grenzlaute und der schönen Vertheilung aller Brustlaute. Auch können Hartlaute jedesmal vermieden werden:

*) Ableitender Theil der Philosophie, 1859, S. 120 ff., 173.

a) da wegen der Allbestimmtheit jedes Lautes höchste
   Freiheit der Versetzung der Wörter und der Wort-
   spellen unter sich möglich ist;
b) allemal wohllautige Brustlaute können eingeschoben
   werden.

Die Wesensprache ist eine Sprache, in der auch nicht
eine einzige Ausnahme (d. i. Abgesetzlichkeit) vorkommt. Sie
ist ur-ein-gesetzig, aber ein Gliedbau von Gesetzen, die in
diesem Eingesetze enthalten sind. Sie ist nach einem Ge-
setzgliedbau ohne alle und jede Abgesetzlichkeit gebildet
und befasst in und eben durch diese Eingesetzigkeit die
höchste Freiheit und Mannigfalt (Urfreiheit und Urmannigfalt).

Man wird über die Kürze und gedrängte Bedeutsamkeit
dieser Sprache klagen und sagen, sie sei nicht für diese
Erde, für diese Menschheit. Welche Denkschnelle, Denkfülle
und Denkfreiheit der Menschen, die, nachdem sie diese Sprache
als Kinder gelernt, sie im Sellleben reden!

Die Wesentonsprache umfasst mit dem Lautthum den
ganzen Weseningliedbau (Urweseningliedbau). Wer sie also
redet und einseitig ist, dess Lautthum stellt sich auch mangelhaft dar, z. B. die nicht gottinnig sind, bei denen kommt kein
o vor; die an die Urwesenvereinheit nicht denken, sprechen
kein a; die nicht gemüthinnig sind, kein h, ch, j u. s. w.*)

So würden in den Schriften aller zeitherigen Philosophen
wenige ä und à vorkommen, weil sie die Anschauung der
Wesenvereinigung und der Vereinwesenheit vernachlässigen.

Die Redetheile können eingetheilt werden:
1. darnach, was sie an sich bezeichnen;
2. darnach, was sie in Ansehung des Satzes bezeichnen.
Jeder Redetheil, an sich betrachtet, bezeichnet ein Wesen-
niss, entweder 1. ein Wesen, oder 2. eine Wesenheit; darnach
ist es ein Wesenwort, oder ein Wesenheitwort, Wesnewort,
Eignewort, Eigenschaftwort. Auch kann es eine Wesenheit
einer Wesenheit bezeichnen (ein Eigeneigenwort sein).
In Ansehung des Anschauens wird das Angeschautniss
(d. i. das Angeschaute, sofern es angeschaut wird) betrachtet
1. als selbständig; insofern ist es Selbwort;
2. als verbunden; insofern ist es Vereinwort.
In Ansehung dessen, was für ein Theil des Satzes das
Bezeichnete ist, sind folgende Fälle möglich:
a) Vorglied des im Satze angeschauten Verhältnisses:
Hauptwort. Vorwort, Gegenstandwort, Subjekt;

---

*) Vgl. Emporleitender Theil der Philosophie, S. 427 f.

b) Nachglied u. s. w.: Nebenwort, Nachwort, Nebenstandwort, Prädikat;

c) das im Urtheil angeschaute Verhältniss: Copula, Verhaltwort (Begriffverhaltwort), Satzverhaltwort [da müsste die Conjunction: Satzthumverhaltwort heissen!].

Die Volksprachen haben kein selbständiges Satzverhaltwort (copula), sondern es ist eigentlich ein Seinartwort, oder zugleich das Selbeigenwort des Satzes.

Die Benennung der Redetheile muss nach allen diesen Rücksichten zugleich gemacht werden.

Das Nomen substantivum ist eigentlich: Selbwesennisswort, mag das Selbwesenniss nun ein Selbwesen, oder eine Selbwesenheit sein, und ist entweder gegenstandlich, oder nebenstandlich; jedes Gegenstandwort ist ein Hauptwort, aber nicht jedes Nebenstandwort, Hinterbegriffwort ist ein Hauptwort.

Das Verbum ist immer das Selbeigen- oder Eigenselb-,

Eigeneigen (Verhaltwort, Begriff- und Satz-
         (Eigeneigenwort.

Das Adjectivum ist das Selbaneigen, Selbvereineigen.

Das Pronomen ist das Stattselb.

Ein Selbeigenwort bezeichnet eine Wesenheit (Eigenschaft), welche in selbständiger Anschauung dem Satzgegenstande, als auf diesen sich beziehend, entgegengesetzt wird*). Es ist

1. hauptstandlich; dann bezeichnet es auch zugleich allemal den Verhalt des Satzes (die Copula) und ist reinartlich;

2. nebenstandlich; dann bezeichnet es den Nebenstand und ist entweder zugleich Hauptwort, oder Haupteigenwort, es ist also dann vereinartlich.

Die Wörter, welche ein Gemüthniss, Fühlniss, oder Willniss bezeichnen, stehen den (An)-Schauredetheilen gegenüber und sind a) reingemüthlich, oder b) von Schauwörtern entlehnt, wie weh! o weh mir! wunder! potz! munter! hurrah! —; sowie umgekehrt auch Schauwörter von Gemüthwörtern entlehnt werden können, z. B. auen! miauen, ächzen.

Gesetz. Das höherwesentliche Schauniss (überhaupt: Ingeistniss) hat das einfachere Zeichen, als jedes selb-, oder verhalt-bestimmtere Ingeistniss, z. B.:

kö Ursachen,
klö Lebenursachen;
ö Wesen,
i Geistwesen,
à Vereinwesen,
àtà Vereinvereinwesen.

*) Es giebt in den Volksprachen die Wesenheit und den Inhalt und Gehalt des Verhältnisses an.

In den Volksprachen ist dies leider meist umgekehrt, weil der werdenden Menschheit urlebenbeschränkte, leibsinnzerstreute Einzelmenschen von der Anschauniss untergeordneter, bestimmterer (concreterer) Wesen und Wesenheiten sich zu den höhern erheben.

Aber in der Wesensprache muss daher ohne eine einzige Ausnahme gelten: Jedes neuhinzugekommene Bestimmniss der Anschauung fordert ein hinzugenommenes Bestimmniss des Lautzeichens (Wortes).

---

§ 6.
Von der Hauptwortung.

Das Hauptwort (und Haupteigenwort) ist an sich aller der Bestimmnisse fähig, wie das Selbeigenwort, und umgekehrt.

Nur sind einige für das Hauptwort in anderer Abstufung wesentlich, als für das Selbeigenwort.

Einige Bestimmnisse brauchen in jedem Satze nur bei einem, beim Haupt-, oder beim Selbeigenworte, zu stehen, andre können an beiden, oft noch am Haupteigenworte, ausgedrückt werden.

Die Bestimmnisse des Hauptworts müssen daher urbegrifflich geordnet werden.

Die Redfälle (casus) in den Volksprachen deuten die Beziehungen des im Hauptworte bezeichneten Wesentlichen an, in welchen sie als Theile des Satzes stehen. Sie sind:

gegenstandliche oder hauptstandliche [casus recti], die da bezeichnen das, was im Satze das Rederstwesentliche ist, Gegenstandfälle, eingetheilt nach der Redendheit, d. i. nach der selbwesentlichen Beziehung auf den Redenden:

1. das Beredete: der Redende (Beredetfall, Beredetgegenstandfall, Nominativ);
2.: das angeredete Wesen (Angeredetfall, Vocativ).

bei- oder nebenstandliche, Verhaltfälle [casus obliqui], eingetheilt nach dem Urbegriffe der Ganzheit u. Theilheit:

1. Allganzverhaltfall (Genitiv);
2. Theil(art)verhaltfälle. Deren sind urviele, so viele Glieder das Urbegriffthum hat. In den Volksprachen sind meist bloss Ursach-, oder Wirkverhaltfälle, und zwar weiter eingetheilt nach der Beziehung der Wirkheit:

1. Anursachfall, Ursachfall schlechthin (Dat. u. Ablat.);
2. Angeursachtfall (Angewirktfall, Accusativ).

1. geistleiblich,
2. ingeistig, im Betrachten, oder in Hinsicht des freien Willens.

In der Wesensprache ist der ganze Gliedbau der Fälle auf einmal da in dem Grundzeichenthume des Urbegriffthumes.

In den Volksprachen streben die Völker nach Massgabe ihrer Edelheit und Lebenstufe in der Hauptwortung

1. nach unverwechselbarer Deutlichkeit in der Bezeich-
   (eigentlich: nach bestimmbarer Un-   nung der red-
   bestimmtheit),   wesentlichsten
2. möglicher Kürze und   Bestimmnisse.
3. Wohllautigkeit, sowohl Leicht-, als
   Schönlautigkeit.

Dies ist ein Massstab für ihre Bildung und wichtig für die Erziehung.

Darin zeichnen sich nun Sanskrit, Hellenisch und Lateinisch vor allen aus (die ich kenne). Das Deutsche ist sehr wenig vollkommen in diesen Hinsichten.

Aber auf Sachbezeichnung, Wesenbezeichensamkeit der gewählten Laute gehen die Volksprachen nicht.

In der Wesensprache fällt die Bezeichnung dieser Verhältnisse zum Theil länger aus, weil bestimmer geschaut, und weil dazu nicht blosse Brustlaute genommen werden können.

Die Gegenstandfälle bedürfen, als solche, keiner Bezeichnung; allein, sie zu geben, ist leicht, es darf nämlich nur „rederstwesentlich" darangesetzt werden.

Der Verhaltfall der Volksprachen ist an sich selbst unbestimmt; er ist nur zu erklären:

1. aus der an sich möglichen und im Auffassenden vorhandenen Anschauung. Ist diese nur Eine, so ist der Verhaltfall nur eindeutig; ist diese mehrfach, z. B. Liebe Gottes, so ist derselbe mehrdeutig;

2. aus dem Sammgesagten; z. B. der Mensch soll alllieben, allein die Liebe Gottes (zu Gott) ist die erstwesentliche Liebe.

Oft ist derselbe sehr vieldeutig, z. B. das Bild des Mannes; die Hand des Künstlers (z. B. Titian's Hände sind die schönsten).

Aus der Bildlichkeit der Rede im Verein mit der Vieldeutigkeit des Verhaltfalles entstehen Irrthümer, ja Mordstreitigkeiten über lebenwichtige Dinge. So hat die sprachwidrige und unhebräische Auslegung des Wortes „Sohn Gottes" vielen Tausenden das Leben gekostet. Man vergass, was in Mangel der Adjectiva „Sohn" [bez. „Tochter", z. B. „Tochter der Stimme"] im Hebräischen heisst, und nahm es „eigentlich" und vergass, dass Jesus selbst sich oft „des Menschen Sohn" nennt und ausdrücklich erklärt, dass er diesen Ausdruck nicht anders verstanden wissen will von sich, als von Moses, David und den Propheten.

Die verschiedenen Arten von Hauptwörtern können nun nach dem Ureignethume (den Kategorien) mit Vor-, In- und Endlingen gebildet werden.

§ 7.

Von der Haupteigenwortung.

Anm. In der lateinischen und der griechischen Sprache hat das Haupteigenwort nichts Lauteignes in der Umendung, bloss die abgeleiteten Haupteigenwörter haben Kennendlinge, die aber doch auch meist wieder bei Hauptwörtern vorkommen.

Die Wesensprache hat den Vorzug, dass sie an dem Haupteigen bezeichnen kann:

a) die Art der Beziehung auf das Hauptwort,

b) die Seinart, Zeitheit, Ursachheit und überhaupt alle allgemeinen Bestimmnisse,

c) durch das entsprechende Brustlautendniss: zu welchem Hauptworte es gehört.

Anm. zu c. Gehört es als Eigeneigenwort zu dem Selbeigenworte, so kann auch dies durch Anfügung eines gleichlautenden Endnisses, oder auch Zeitnisses u. s. w. angedeutet werden.

§ 8.

Nochmalige Ueberlegung der Kunstnamen der Redetheile.

Die Bezeichnung: Redeglieder scheint besser, als: Redetheile. Ein Glied kann in mehreren Wörtern bestehen; z. B. der Mann ebenfalls. Ein Wort kann mehrere Glieder enthalten, z. B. ὁ ἄναξ ἀριστεύει oder: ἀριστός ἐστιν.

Anm. Das Selbeigenwort weist durch seine Wortnisse zugleich darauf hin, was sein Vorglied und sein Nachglied im Satze ist.

Diese Benennungen müssen zugleich andeuten:

a) was jedes Redeglied im Urtheile (logisch), b) im Satze (sprachlich) ist, und zwar an sich und hinsichts des Geistzweckes.

Das Gegenstandhauptwort (Vorstandhauptwort, Vorhauptwort) ist hinsichts des Schauenden das zu Bestimmende, das Nachglied des Satzes ist das Bestimmniss, nicht: der Bestimmgrund*).

„Hauptwort" ist bildlich und unklar; besser ist das früher von mir gebrauchte: Selbwort, Selbschauwort. Das Gegenstandhauptwort könnte nun heissen: das Vorselbwort**), im Gegen-

---

*) Jedes Hauptwort bezeichnet ein Selbgeschautniss (es mag aus einem, oder mehreren Gliedern bestehen).

**) Bestimmtselbwort, und alle anderen Redeglieder sind Bestimmwörter.

satze sowohl des nebenstandlichen Beiselbwortes, als des Nach-
selbwortes. Z. B. „der König August ist gerecht", da ist
„August" ein Beiselbwort, aber in: „August ist ein gerechter
König", da ist „König" Nachselbwort.

Das Selbeigenwort ist allemal eine beigelegte (prädi-
cirte) Wesenheit. Wenn nun: Eigen eine beigelegte Wesenheit bezeichnet, so ist eben der Ausdruck: Selbeigen hier der
beste, oder: Gegenselbeigen.

Der Ausdruck: Haupteigenwort ist mangelhaft. Besser ist
vielleicht: Selbaneigen, Selbbeieigen, Selbvereineigen, Selbmäl-
eigen; oder: Eigenmälselbwort, kurz: Mäleigen*), Vereineigen.

Sollte nicht das Prädicat das Antselb heissen? also das
Verbum das Antselbeigen? Oder das Nachselb? Allein, der
Name: Nachglied des Verhaltes ist selbst nicht gut, da
eigentlich das Nachglied das Bestimmende ist, indem das
Ornachglied: Wesen (in der Grossheiturtheilung: die Einheit) ist.

Eigeneigen, Selbeigeneigen, Mäleigeneigen, z. B. ich liebe
ihn „sehr".

§ 9.

Das Verbum bezeichnet allemal eine Wesenheit, die bezugs
des Gegenstandhauptwortes betrachtet wird, und zwar als Nachglied, aber, sofern das Verbum die Copula ist, ist es weder
zum Vorgliede, noch zum Nachgliede gehörig, sondern beiden
gemeinsam und also das Verhaltwort**) oder Verhalteigen-
wort zu nennen. Allein, da in den Volksprachen kein reines
Verhaltwort (als reine Copula) vorkommt, so muss der Wesen-
name des Verbum enthalten:

a) vorwaltend, dass es Urtheilwort oder Verhaltwort,
Schauverhaltwort, ist;

b) dass es, und wenn es zugleich das Nachglied des
Urtheiles ganz, oder zum Theil enthält, also Gegenselbeigen-
wort ist. Also z. B. in dem Satze: _Δρύας ἀνάσσει_, „August
königet", ist das Wort „königet" Gegenselbeigenurtheilwort, Ant-
selbeigenschauverhaltwort, Antselbwesenheitschauverhaltwort,
daher, sachgemäss abgekürzt, und wenn eigen: beigelegt-wesen-
heitlich heisst, das Wort: Selbeigenwort doch als das verhalt-
beste stehen bleibt. Dagegen in: „Gott ist gut", ist das Wort
„ist" das reine Urtheilwort oder Schauverhaltwort (Verhaltwort, Bezugwort).

---

*) Es ist dabei nur von: schaumälen, im Schaun vereinen, in Ein
Schauniss vereinbilden, die Rede, denn das Adjectivum kann verneint
beigegeben werden, sogut als das Verbum.
Dieses Merkmal kann aber stillverstanden werden, weil es allen
Redetheilen gemeinsam ist.
*) Urtheilwort, Schauverhaltwort, besser wohl: das Verhaltselbeigen-
wort oder Selbeigenverhaltwort.

Sollte also nicht das Wort: Verhalteigen oder Bezugeigen besser sein? Antw. Es ist zu allgemein, denn dieses umfasst zugleich das Adjectivum. Aber ebendeshalb ist es eben in dieser allgemeinen Bedeutung anwendbar.

Also: 1) Selbwort;

2) Bestimmwort oder Verhaltwort*) (d. i. alle Redetheile ausser dem Selbworte).

a) Verhaltselbeigen, Urtheilselbeigen (Verbum);

b) Verhaltmäleigen, Verhalteigenvereinselb (Adjectivum);

c) Verhalteigeneigen (Adverbium).

Der Name: Satzverhaltwort scheint unbestimmt, weil es heissen kann: ein Verhältniss vom Satze, und: ein Verhältniss des Satzes; allein Letzteres kann füglich stillverstanden werden.

Die Copula verhält sich zu ihrem Satze, wie die Conjunction zu ihren beiden Sätzen, deren Conjunction sie ist, als ihrem Subjecte und ihrem Prädikate.

Das Zeichen der Verhaltheit (die Copula) im Urtheile kann doch auch zeichenlich (ton- und schriftzeichenlich) nur nebengestellt werden; die geistige Verrichtung aber wird stillverstanden.

§ 10.

In allen Volksprachen sind eine Menge Gefühlwörter, Kraftwörter, Kraftgefühlwörter, z. B. hart, Gestaltwörter, Lautwörter oder Lautahmwörter.

Urlautgesetz. Kein Grundlaut, weder Brustlaut, noch Grenzlaut, darf um der leibsinnlichen, reinlautlichen Wohllautheit willen weggelassen, verändert, oder zugesetzt werden. Dass dies in den Volksprachen angeht, kommt von ihrer Wesenwidrigkeit, Willkürlichkeit und Unvollständigkeit und der Schwankenheit ihrer Bezeichnung.

Auch das Sanskrit ist hierin nicht besser.

Lehrsatz. In dieser Wesensprache kann nothwendigerweise, ohne dass Unbestimmtheit entstehe (indem dann eine Wesenheit des Geschautnisses unbezeichnet [also unbestimmt für den Hörenden] bleibt), keine Spelle auf einen Grenzlaut enden.

Beweis. Denn, was auch erwähnt werde, Wesen, oder Wesenheit, es ist immer in irgend einer Wesenstufe, welche durch einen Brustlaut bezeichnet wird.

Aber zwei Grenzlaute können zusammenkommen; und wie ist hier zu helfen, wenn diese schlecht lauten?

---

*) Dieses Wort ist unbestimmt, und ist zu unterscheiden: Verhalt-Wort (d. h. verhaltig Wort) von: Verhältnisswort (Wort, welches das Verhältniss bezeichnet).

Regel. Wenn nicht ursprachgesetzlich zu helfen wäre, so wäre der Misslaut zu tragen; aber es ist urvoraus (ewig) gewiss, wegen des Aehnlichgliedbaues des Urwesens und der menschlichen Sprache, dass diese Schwierigkeit sich erledigen wird und muss.

Auflösung. Es kommt kein Misslaut vor, wenn nur keine Sammbrustlaute (Diphthonge) vorkommen. Und auch diese lauten, z. B. bei: Homer, wohl!

In der Wissenschaftsprache muss alle Willkür schwinden, so dass unverabredet alle Wissenschaftforscher auf Erden, auf der Sonne und in allen Himmeln in Anschung dieser Zeichen übereinstimmen müssen. So bei Benennung „mathematischer Constructionen", d. i. ganzheitlicher Sammbaue (Sammgebilde).

Alle die Vortheile, Hilfen, Unterstützungen, die dem unvollkommenen Sprachgebrauche unvollkommener Volkssprachen durch Betonung, Redsammheit u. s. w. zu Gute kommen, kommen noch weit mehr dieser wesengemässeren Wesensprache zu Gute.

Da in der Wesensprache (in höherem Sinne: Gottsprache, als dieses vom Sanskrit behauptbar ist) die Brustlaute Wesen bezeichnen, so können die Umendnisse der Rede (Redumnisse, flexiones) nicht mit blossen Brustlauten gegeben werden; auch nicht mit eignen, willkürbestimmten Lauten, sondern müssen mit dem Urlautthum selbst, mit unveränderter Bedeutniss, gegeben werden.

§ 11.

Ueber die sogenannten Verba impersonalia hinsichts der Wesensprache.

Wenn von einem blossen Begebniss die Rede ist, einem Sein, oder Thun, ohne dass das Wesen, dessen Sein, oder Bewirktniss es ist, angeschaut wird (oder erwähnt werden soll), so braucht man dafür das unbestimmte seinartliche Stattwort „es", oder, wo die Selbeigenendnisse stattwortlich sind, bloss diese, wie im Lateinischen. Befindet sich dabei ein Wesen angewirkt, so wird es in den Angewirktfall gesetzt, z. B. es friert mich, d. h. irgend ein Wesen ist Ursache des Geschehnisses „Frieren", das mich betrifft.

Es decken also die Völker dadurch eigentlich ihre Unwissenheit, ihren Mangel an Anschauung, und es kann allemal angegeben werden, was das „es" ist, z. B. es regnet, d. i. die Eigenlebkraft dieses Erdganzen im Wechselvereinleben im Sonnbaue, zuhöchst: Leibwesen, urhaft: Wesen. Auch alles dunkel Geahnte, durch dieses „es" Bezeichnete, ist Incigne Wesens.

„Es scheint", d. i. es sind Gründe da, die meine Ueber-
zeugung bestimmen, ich bin mir aber weder der Gründe,
noch des Wesens bewusst, das da verursacht, dass ich ge-
neigt bin, vermöge dieser bloss geahnten Gründe dies an-
zunehmen.

Man muss in jeder Sprachbildung, besonders aber in
jeder Volksprache, wegen ihrer unvermiedenen Wesenwidrigkeit, sehr oft in sehr vielen Hinsichten das Kleinübel wählen, z. B. einen Hartlaut sich gefallen lassen, um ein wesengemässes, dem Geistleben wesentliches Wort nicht zu ent-
behren, und um einen sonst guten, auf Geist und Gemüth
wirksamen Satzgliedbau, Vers u. s. w. nicht aufzugeben, eine
Formwidrigkeit sich gefallen lassen, weil sie sich sonst
selbst entfremdet und, wenn auch nur zur Zeit, unverständlich würde.

Es ist ein wesentlicher Mangel aller Volksprachen, dass
sie Wesenheitstufen und Ganzheitstufen (und die darin enthaltenen Grossheitstufen) durch dieselben Mittel, meist Endnisse, bezeichnen, z. B. „wesentlicher" kann heissen: „höher-
wesentlich" und „mehrwesentlich", und so durchgehend. Dies
kann und soll schon in der Deutsprache vermieden werden.

Ein wesentlicher Eigenvorzug der Wesensprache ist, dass
alle ihre orhaften Bezeichnisse gar nicht bildlich, theilhin-
aufnehmlich, sind, wie ò, è, ì; aber dann im Innern die Möglichkeit rein wahrer, schöner Bildlichkeit (in Emblemen, Alle-
gorien u. s. w.) gestatten.

1. Der Urbegriff einer Sprachstufreiheit in der Einen
Wesensprache und die darin begründete Forderung eines
Sprachstufzeiger-Gliedbaues (einer Sprachpotenzexponenten-
reihe), wonach dann derselbe Grundlaut und dasselbe Wort
gliedbaulich Verschiedenes bedeutet, und zwar beides selbst
als Intheil der Sprache.
2. Dazu kommt noch die Forderung des Sprachstufänder-
zeigerthums (der Tropical-Potenzexponentenreihe).

Wenn diese beiden Stufzeigerreihen gehörig ausgebildet
sind, so werden aller Stufen Wörter für einander setzbar,
und die höchste Gedicht- und Redkunst-Freiheit wird, bei
Vollklarheit der Sprache, erreichbar. Werden eine, oder beide
Stufzeigerbezeichnungen weggelassen, so wird dadurch die
Rede räthselhaft, witzig (énigmatique, piquant).

Diese beiden Sprachstufzeiger sind selbst eigengliedbildbar.
Werden also die Bestimmnisse a) Eigenleb-, b) Erdland-
gliedbau-, c) Erdmenschheitgeschichtgliedbau- dazu gesetzt,
so kann jedes Wort jedes Volkes, ja jedes Einzelmenschen
in die Wesensprache selbst wesensprachgesetzbaugemäss aufgenommen werden (o göttliche Erfindung!); auch sogar Schriftzeichen, sofern der Urwesenredende solche Schriftzeichen mit
den Fingern in der Luft, oder mit irgend einem Stoff auf
gegengefärbter Fläche, darstellen kann und will.

Das Sprachstufänderzeigerthum umfasst zugleich die
Zeichen der Gegensinnigkeit, und darin die der Ironie.

§ 12.

Die Sprache ist ein doppeltes Kunstwerk:

a) als Sellwerk des Volkes und der Menschheit (auch
anderer Himmelwohnorte, sofern daher gekommene Urgeister
auf Erden zu des Erdsprachthumes [der Erdsprachschaft] Vollendung mitwirken);

b) als Eigenlebkunstwerk, sofern der geist- und kunst-
sinnige Mensch in jeder Sprache, die er redet, sein ganzes
Orend-Eigenleben, als in einem treuen Kunstahmwerke, ab-
spiegelt.

Eine Volksprache aber ist um so vollwesentlicher, der
Sprache Wesens ähnlicher, als sie jedes für sich und beides
vereint leistet. Also die deutsche ist dieshinsichts besser,
als die französische.

Selbst die Orend-Wesensprache, die ein Wissenschaftforscher entwerfen mag, ist mittelbar ein Werk seines Volkes,
seines Völkerthums, seiner Erdmenschheit, ja vielleicht einer
aussererdlichen Menschheit, als deren Mitglied er vorerdlebte
und sich seine orgeistige Anlage zur Wesensprachbildung or-
eigengeistfreithätig erwarb.

Der Sprechende also mällebigt sich inmitdurch Volk,
Menschheit, Wesen.

Die Wesensprache muss das ganze Grundlautthum benutzen, auch das Grundmisslautthum zur Bezeichnung des
Wesenwidrigen.

Die bisherigen Volksprachen sind nur Ahntheildarbil-
dungen Wesens und Wesengliedbaues. Die Wesensprache
soll Theilschaudarbildung (Theilschaudarzeichnung) Wesens
und Wesengliedbaues sein.

Die Aussenglieder des Ableibes (Gegenhauptes) bewegen
sich in der Luft (und sprechen für das Auge in die Ferne),

die Aussenglieder des Obleibes (Gegenleibes) bewegen die Luft, indem sie den Hauch (Brustlaut) begrenzen (zu dem Grenzlautthume) und reden in die Nähe für das Ohr.

Doch auch Hände und Füsse reden, z. B. im Klatschen. — Sie reden an durch Streicheln, Antippen, Schlagen. Das Zähneklappen entspricht einigermassen dem Händeklatschen.

§ 13.

Einzelbemerke über Sprache überhaupt und den sogenannten Ursprung derselben.

Geschichtlich und ewigwesentlich betrachtet, entsteht die Sprache nicht, damit sie ein Zeichengliedbau sei, sondern, indem sie aus selbwesentlichen Gründen entsteht, kann sie wegen des Wesenähn- und Wesenahmgliedbaues aller Wesen dieses nicht, ohne in der That ein Zeichengliedbau zu sein, welches dann als Absicht, als Zweckbegriff, allerdings ergriffen wird.

In Wesen ist zu unterscheiden, 1) wie Wesen in jedem Theile seines Inwesengliedbaues or- ur- und ewigwesentlich Sprache ist, und 2) wie Wesen sich selbst, als Orlebwesen, intheilwesentlich als Sprache (Sprachheit), damit Wesen Sprache, als solche, sei, oreigendarlebt.

Sowie Wesen in allen Theilen des Lebens den Menschen übertrifft, so auch im Sprechen, Reden, auch darin, wie Wesen den Menschen anredet.

Wesentlicher Lehrsatz. Die Sprache ist also an sich ein Achnahmbildgliedbau des Wesengliedbaues*), selbst Intheil des Wesengliedbaues, und die orwesentliche Möglichkeit der Sprache beruht darin, dass Wesen orselbwesengleichet Wesen, also auch Wesengliedbau orselbwesengleichet sich selbst in jedem Theilweseningliedbau. Daher kann auch alles Wesentliche durch alles Wesentliche bezeichnet werden.

Also muss die Wesensprache erst selbheitlich nach obigem Urbegriff gebildet werden**), nicht, damit sie ein Zeichengliedbau sei. Das wird sie von selbst werden. Also auch nicht zuvörderst, dass sie Dargliedbildung des menschlichen Inlebens (Geist-, Leib- und Geistleiblebens), oder gar bloss des menschlichen Schauens werde.

Die Menschheit ist das wesenvollähnliche Mälwesen (Vereinwesen), also auch das wesenvollähnliche Mäl-Sprachwesen.

---

*) Sprache beruht also in der Gegenähnlichkeit aller Endwesen inmit Wesen. Sprache umfasst Gott, Welt und alles, was darin ist.

**) Daher: Orsprache, Ursprache, Antsprachen (oder Gegensprachen), Mälsprachen (oder Vereinsprachen).

Sowie der Mensch als Leib alle Thiere in Wesenheit ist
und als Geist alle Geister; sowie er Luft, Wasser, Feuer,
Pflanzen, Thiere — alles Einzelwesentliche nicht nur gleichsam, sondern in der That ist, weset: so ist er auch alle Wesen, sofern sie Sprachwesen sind. So hat der Menschleib
alle Sprachglieder aller Thiere in gleichschwebendem Gleich-
gewichte; er kann daher alle Thierstimmen, ja überhaupt
alle Erdlebenstimmen nachahmen.

Und da das Menschheitwesen, und darin theilweis jeder
Einzelmensch, wesenvollendähnlich ist, so können sie auch
Wesens Orwesensprache theilendnachbilden*).

Da ferner Menschheit, und theilweis jeder Einzelmensch,
alles ist, so müssen sie auch in der Orlebbeschränkung (Weltbeschränkung) alles sein, also auch alles Böse oder Wesen-
theilwidrige (Theilwesenheitwidrige); daher kann der Mensch
auch alles Böse der Thierwelt nachahmen, und auch alles
Böse der Geisterwelt.

Daher strebt auch jeder Einzelmensch, angeregt durch
das Anwirken seines Umlebens, alles wirklich zu sein, dar-
zuleben; er wird Nachahmer, er mag wollen, oder nicht. Daher ahmen Kinder alle Thiere in Ton, Geberde, Gang u. s. w.
nach; so auch alle Menschen, die ihnen vorkommen. (Daher
ist ein reger Nachahmtrieb auch Aussenzeuge der Urgeistigkeit.)

Dabei ist auch die Nachahmung durch Gegenähnlichkeit
zu beachten: Schälle durch Geberden, Lichtnisse durch Töne,
Gerüche durch Geberden. — So kann der Blitz geberdkünst-
lich dargestellt werden, zumal, wenn Darlautung des Donners
dabei ist; aber auch der Donner geberdlich.

In der Geschichte der Völker kommt aber die Sprache
zuvörderst vor als Antgegenwirknissthum**), mithin auch als
Nachahmnissthum, da auch Nachahmung ein Theil des Ant-
gegenwirknissthumes ist; weiterhin bei steigender Besonnen-
heit und überhaupt Selbinnigkeit der Völker auch beson-
nen kunstliche, gesellige, wissenschaftliche Ausbildung, wo-

---

*) Die der Menschheit und jedem Einzelmenschen, sowie jeder Mensch-
heitselle, eigenwesentliche Beschränktheit (Schranke, Eigenwesenheit-
grenze und Eigenlebheitgrenze) bezieht sich auch auf deren Sprache. So
auch die Lebentfaltgrenzheit (z. B. der Völker) auf die Volksprachen;
ebenso die Lebentfaltgrenzen. Diese eigenleblich verschiedenen Beschränktheiten sind nicht bloss Mängel, sondern auch

	Miss-	hinsichts	Schauns
	Fehl-	des	Fühlens
	Un-		Wollens.

Angeborne Grundwesenwidrigkeiten sind schwer zu entfernen.
**) Man macht der innern entbundenen Selbkraft Luft durch Töne,
Geberden, Anwirkungen der Umdinge, Thränen, bildliche Handlungen
u. s. w.

bei allerdings, hinsichts des Sellvereinwirkens, Verabredung vorkommt, zum Theil auch hinsichts der Zeichen der Sprache selbst, aber nur, sofern die Sprache noch willkürlich, also nicht vollwesengemäss ist. Denn mit der steigenden Vollwesenung der Sprache nimmt die Willkür in derselben ab, aber das Gebiet der Freiheit zu. Es ist ein Vorurtheil Fichte's, dass der Mensch sich erst in dem formlichen „Momente", wo er das erstemal „ich" sage, zum Bewusstsein constituire. Denn, ob er seinen Namen nennt, oder „ich" sagt, ist einerlei. Zudem ist „ich", ego, ἐγώ, in verschiedenen Sprachen und verschiedenen Menschen mehr, oder weniger schwierig zu sprechen. —

Zeichen ist ein Verhaltbegriff*), setzt also eine zwiefache Selbanschauung voraus: 1) die des zu Bezeichnenden an sich selbst, 2) die dessen an sich selbst, was hernach als Zeichen dient. Und dann ist erst die Vereinanschauung möglich, worin das Zeichen in seiner ahmgebildeten Ingliedbauähnlichkeit mit dem Ingliedbau des zu Bezeichnenden als Sprache erscheint und als Sprache dient und nutzt, nach Massgabe dieses Entsprechens, sofern der Sprachgliedbau eine urvielgliedige Stetverhaltgleiche bildet mit dem Eigenlebgliedbau, und dieser wieder mit (hinsichts) dem Weseningliedbau selbst. Daher ist die alle Sprache, die Eine Sprache selbst, or- und omursachende Wesenheit in Wesen: Wesen weset Wesen in seinem Ingliedbau und dessen jedem Theile (jeder Wesenheit und Wesenheitstufe), also auch in dem Menschheitleben, Einzelmenschleben, Geistleben, Leibleben, (Leibgliedbau, also auch in dem Sprachgliedthum, Tonsprachgliedthum, den Sprachorganen), Tonheitleben, Gestaltheitleben u. s. w.

Das zu Bezeichnende ist das Orendeigengeistleben, eigentlich: das Orendeigenmenschleben des Einzelmenschen (oder des Volkes, oder sonst Sellmenschen), und das Zeichenthum dafür oder die Sprache ist selbst davon ein Intheil, und zwar verhält sich der Weseningliedbau zum Einzelmenschingliedbau und Einzelmenscheigenlebgliedbau ähnlich, wie diese zur Einzelmenschsprache.

Das Bezeichnende ist also allemal ein Intheil des zu Bezeichnenden, nämlich des Menschgeistlebens für die Menschgeistsprache, des Menschheitlebens für die Menschheitsprache u. s. w., des Wesenorlebens für die Wesensprache (für Wesens Sprache und für jede Endwesensprache, sofern sie Wesen, Weseningliedbau und Wesen[or]leben darzeichnen soll).

---

*) Sowie ein Zeichen gedacht und verstanden wird, schaut man ein Reinwesentliches und zugleich Gemeinwesentliches.

So ist die Tonheitsprache ein Intheil des Geistlebens
selbst, ein ingeistiges Begebniss; denn Tonheit ist Inselb-
begwheit des Leibstoffigen, als solchen, also für-den-Geist-
zuerst des Leibstoffigen in seiner Inbildwelt; und zwar ist es
bloss Schein, wenn das Grundlautthum von den menschleib-
lichen Sprachgliedern und deren möglichen Sammwirkungen
abhangig und dadurch entstanden erscheint. Denn das Eigenwesentliche der Lautheit ist davon ganz unabhangig (wie die
Tonerei im Beispiele [Intheilspiele] beweist, so auch die
[Kempelensche] Sprachmaschine) und ist bloss durch einen
ausströmenden Luftstrahl, der durch folgebildlich vollständig bestimmte Aussenbegrenzungen weiter bestimmt
wird, erklärbar. Dass aber der Leib und das Leibleben damit vollwesentlich einstimmen muss, ist daher begründet,
dass dieser Leib das wesenvollähnliche Leiblebwesen in
Leibwesen ist, also auch die Tonheit vollwesengemäss dar-
leben, also auch dafür eingerichtet und gegliedert (mit
einem dazu tauglichen Gliedthum versehen) sein muss. Also
ist auch die Tonsprache erstwesentlich und ursprünglich ingeistig, und dass sie leibgeäussert wird, ist dabei nicht geist-
eigenwesentlich, sondern mällebwesentlich in dem als Menschen vereinlebenden Geiste und Leibe.

Ein anderer Intheil des Ingeistlebens, der als Sprache
ausgebildet werden kann, soll und wird und als Sprache
dient, ist die Gestaltheit, wovon die Geberd(kunst)sprache auch
ein Einzelintheil ist. Und zwar ist auch diese ursprünglich
ingeistleblich, obgleich der Menschleib auch vollwesentlich
und dazu bestimmt ist, das vollwesentliche Werkzeug der
Geberd- und Gestaltsprache in Wesen zu sein. So auch
die Tondarsprechgestaltsprache (Schriftsprache) und, antheit-
lich, auch die Gestaltdarsprechtonsprache (wie mehr, oder
weniger die sinesische Tonsprache sich zu der sinesischen
Gestaltschriftsprache verhält).

Allerdings mitbewirkt die Sprache das Bleibendmachen
im Bewusstsein, weil nun das Gedächtniss doppeltes Verbinden (Anhalten) hat, nämlich das Anschauthum und überhaupt
das Ingeistlebthum selbst, und das Zeichenthum als einen
eigenausgebildeten Einzelintheil des Anschauthumes und
überhaupt des Ingeistlebthumes selbst. (Wäre das Vorgeben,
dass nur durch Sprache die Geistlebnisse festgehalten werden,
richtig, so müsste wieder eine Sprache sein, als Mittel, die
Sprache festzuhalten u. s. w.) Man erinnert sich des Ingelebten
mittelst der Sprache nach dem Gesetze: was sammgelebt hat,
sammgelebt worden ist, dessen sammerinnert, also auch wechsel-
mittelbar-erinnert, sich auch der Geist, und zwar um so mehr,
je besser die Sprache ist.

Wie lebwesentlich ist also dieshinsichts die Wesensprache!

§ 14.

WennSchlegel in seiner Aesthetik aus „dem idealen Princip", d. i. dem der subjectiven Freiheit, ableiten will, dass die Zeichen der Sprache in dieser Hinsicht willkürlich seien, so verwechselt er hierbei: Freiheit, d. i. Gesetzbildung, mit: Willkür, welche, als solche, und wie sie gewöhnlich gedacht wird, wesenwidrig, gesetzwidrig, also auch sprachurbildwidrig und sprachverderbend ist. Wo die Willkür bei Sprachzeichenbestimmung vorwaltet, da wird der Zeichengliedbau dem Weseningliedbau ungemäss, also auch wesenlebwidrig, menschheitlebwesenwidrig, nämlich nicht nachbildend das zu Bezeichnende, also auch hiernach undienlich (ja schädlich) hinsichts dessen, wozu sie dienen soll, nämlich zu Lebenweckung, Lebenmittheilung, Lebenhöherbildung, Erinnerung, Menschheitaufbewahrung.

In gewisser Hinsicht ist die Sprache freilich „unwillkürlich", soll heissen: bewusstseinlos gesetzmässig, sowohl durch den bewusstseinlosen Vernunftbildetrieb, als durch die geistbewusstseinlose Gegenwirkung des von dem Orleibumleben angewirkten Geistes.

An sich ist die Sprache, als solche, d. i. sofern sie vereinwesentlich ist und also betrachtet wird (nicht aber in ihrer Selbheit, als Laut, Raumgestalt u. s. w.), ganz abhangig (d. i. zubestimmend danach) von dem zu Bezeichnenden, wiewohl sie, sogar in ihrer Selbheit betrachtet, von dem ganzen zu Bezeichnenden, als dessen Intheil, abhangig ist, indem z. B. das Lautthum und das ganze Sprechen als Lautbilden, als Intheil des Menschlebens, davon abhangig ist.

Die Willkür entspringt aus der Orendleblichkeit, nicht in der Orwesentlichkeit des Menschen; er muss orendeigenleblich zeitstetig wählen aus der urganzen Fülle (dem urganzen Wesengebiete) alles Möglichen; aber dabei ist er wiederum gebunden an die Gesetze des Orendeigenlebens. Eine willkürlich gebildete Sprache taugt insofern nicht; sie wird ein Quodlibet, ein „Wasbeliebt". Die Einwendung, dass die „mathematische" Zeichensprache rein willkürlich sei und doch soviel nütze, ist nur scheinbar; denn sie nützt nur, sofern sie wesengemäss ist, und wieviel wird die wesengemässe Ganzheitlehrsprache erst nützen!

§ 15.

Eine merkwerthe Eigenwesenheit dieser erdmenschheitlichen Sprache ist, dass sie, bloss durch den Leib vermittelt, das Geistleben wechselseits den als Menschen lebenden Geistern offenbaren kann. Eigentlich sollten Geister in jedem Verhältnisse, auch als Menschen, reingeistig zusammen sprechen können (wodurch zugleich der Missbrauch der jetzigen Mensch-

heitleibsprache zu Heuchelei und Lüge aufgehoben wäre);
allein in dem jetzigen Menschheitlebstande ist dieser Weg
der reingeistigen Mittheilung noch nicht offen; soll es aber
gemäss dem Urbilde des Menschheitwesens-in-Wesen noch
werden, sowie sich überhaupt auch diese Menschheit nach und
nach zu der eigenleblich vollwesentlichen Ausbildung der
Einen Menschheitwesengliedbausprache erheben soll, kann
und wird.

§ 16.

Da also der Mensch nur durch leibsinnliche Sprache
dem Menschen sein Eigenleben offenbaren kann, so muss ihm
auch seine eigne Sprache in seine eigenen Sinne fallen (sinn-
fasslich werden, wie Schlegel ebenda § 20 richtig bemerkt).
Und darin hat die Tonsprache ein Eigenvorwesentliches, weil
der Mensch sich im Dunkeln noch hören und hörbar
machen und überhaupt dadurch freier mittheilen kann, weil
für den aussenveranlassten Schall weit wenigere Stoffnisse
undurchwirkig sind, als für das Licht*), besonders der Menschleib selbst; daher Tonsprache Aller mit Allen im Dunkeln
und Hellen, in der gedrängtesten Versammlung möglich ist.
Dafür ist aber freilich zu telegraphischen bestimmten Darstellungen das Licht vorzüglicher, als der Schall, weil das
Licht in weite Ferne Umrisse und Schatten beibehält, weshalb eine Telegraphie vom Monde zur Erde, und umgekehrt,
durch das Hauptauge kein abgeschmackter, noch unmöglicher
Gedanke ist. Dagegen trägt die Tonsprache die grenzlautigen
(consonantiellen) Zartbegrenznisse des Luftausstromes nicht
weithin. — Dafür aber können auch durch an Stirn, in Hand-
flächen, auf den Rücken, auf die obere und untere Fuss-
fläche gemalte Zeichen, sowie durch Stäbchen und Täfelchen,
die Menschen (wie besonders die Blinden) im Dunkeln reden.

Ebendeshalb ist alle jetzige Menschheitsprache Beweg-
sprache, die Tonsprache und die Geberdsprache. Denn Ton
ist von aussen veranlasster Selbganzinbeweg; und dabei
kommen folgende Gliedreihen der Verursachung vor.

Redender: Inbeweg der Nerven, Gliedaussenbeweg der
Sprechglieder, Aussenselbinweg der ausgehauchten Luft; dadurch veranlasster Aussenselbinbeweg der Leibumluft.

Die Reihe des Angeredeten (Redangewirkten) ist dieselbe
in umgekehrter Ordnung: der Aussenselbinbeweg der Leibumluft bewegt Inluft im Ohre, diese den Ganzleib und den
Nervbau; nun wird das Gesprochene in Geist und Leib aufgenommen und dann gegengewirkt, und so erst entsteht die
Möglichkeit des Wechselgesprächs.

---

*) Also auch der Schall freier allseitig rückgebrochen wird, als das
Licht, ohne seine Deutlichkeit zu verlieren.

Der Mangel mehrerer Laute bei mehreren Völkern, sowie überhaupt, dass bei manchen die Tonsprache auf niederer Stufe stehen bleibt und bei den Sinern gar der Schriftgestaltsprache untergeordnet erscheint, hat vielleicht den Grund in geringerer Ohrnervempfanglichkeit, oder in Theilmangel und Missbildung dieses Theiles des Nervbaues.

§ 17.

Das Eigenwesentliche der Sprache, als solcher, besteht theilweise in dem Grenzlautthum, welches nicht fernhin vernehmbar ist; z. B. durch eine Wand hindurch hört man bloss noch Brustlautung und das Reintonliche (Musikalische) der Sprache.

Die Rückwirkung der Sprache in weitesten Sinne, der Worte, Mienen, Geberden, auf den Sprechenden ist wesentlich und unverkennbar;

a) auf das Gemüth; „suche nur, ein freundliches Gesicht zu machen u. s. w. vor dem Spiegel, und du wirst dich entzornigen, enttrüben, entmissmuthigen u. s. w.";

b) auf das Gedächtniss; was man sich laut vorsagt, bleibt besser.

Wenn man heimlich redet (oft aus Vertraulichkeit, Liebinnigkeit), so fällt der eigentliche Klang weg, man hört die blossen grossheitlichen Bestimmnisse und Aussenbegrenznisse der Sprache (das eigentlich Musikalische bleibt weg).

Farbmalerei verhält sich zu Zeichnung (Helldunkelmalerei) ähnlich, wie Lautsprechen (Tonsprechen) zu Heimlichsprechen (Hauchsprechen*).

Aber, wunderbar! noch im Heimlichsprechen (Zischeln) ist der zarteste Ausdruck des Gemüths und der stärkste möglich; denn man unterscheidet noch: hoch und tief, stark und schwach!

§ 18.

Die Sprachbildung der Völker hält genau Schritt mit der Schaubildung (mit dem Zustande der intellectuellen, wissenschaftlichen Bildung) und geht, wie diese, von sinnlichem Leben und sinnlicher Erfahrung stufenweis aufwärts.

Daher geht die Sprachbildung des wissenschaftlichen Menschen von oben nach unten, vom Ganzen zum Theile (synthetisch), die des unwissenschaftlichen Menschen bloss von unten nach oben, vom Theil auf das Ganze.

Die Volksprachen bezeichnen alle Wesen (sowie auch

---

*) Daher könnten die Brustlaute auch „Haucher" genannt werden.

alle höheren Theilwesenheiten) durch untergeordnete, einzelne
(oft nicht einmal selbheitliche — unmittelbare —, sondern ver-
haltliche — mittelbare) Wesenheiten (Eignen).

Z. B. die Namen für: Hand (lateinisch: manus, griechisch:
χείρ) sind aussenverhalttheilwesentlich (= die Fassende,
Messende oder Tastende, Greifende) und können alle, als
solche, in der Wesensprache ebenfalls gebildet werden, —
und sind sie richtig gebildet, so werden sie auch im Samm-
hange deutlich sein, ohne Weitererklärung.

Für die Sprache waltet nicht die reine Tonheit, als solche,
sondern die Tonbegrenztheit vor.

Im Gesange wird dagegen besonders die Tonheit geltend gemacht; daher eigentlich das Brustlautthum Sprache
und Musik als Gesang verbindet, und je brustlautvoller und
brustlautschöner eine Sprache (z. B. die italienische) ist, desto
sangbarer ist sie.

§ 19.

Die Wesensprache (nach dem erklärten Urbegriffe und
Urbilde) ist zugleich die reine Menschheitsprache dieser Erd-
menschheit, ihrer Selbwesenheit nach einstimmig mit der
Ormenschheitwesensprache in Wesen („im Weltall"), deren
Mundarten die auf selbwesenleblichen Wohnorten lebenden,
(einst auch mit unserer Erdmenschheit vereinlebigen) voll-
wesenlebigen (in der Vollzeit ihres Eigenlebens reifenden)
Erdmenschheiten, zunächst dieses Sonnbaues, reden.

Also ist diese Sprache (obwohl sie ein Kindlallen ist
gegen die reiferen Versuche in anderen, weitergediehenen
Theilmenschheiten) schon in der Gestalt, die ich ihr gegeben,
ein gesunder Keim der Menschheitorlebenbundsprache (der
Sprache des Menschheitbundes), die ihm eignet als Erdmensch-
heitganzbund vor und über allen Ingliedtheilungen in Völker,
Stämme, Ehethümer, in und für seine rein- und allgemein-
menschliche Bundthätigkeit.

Darin können und sollen dann erst die Volksprachen
geübt und gewürdigt und höhergebildet werden, nicht aber
sollen die noch lebenden, guten Volksprachen aus dem Leben,
die bereits erstorbenen (die hellenische, lateinische u. s. w.)
aus dem Wissenschaftleben, ausgetilgt werden.

§ 20.

Auch die Menschheitsprache kann nur ausgehen von
Versuchen Einzelner; ein solcher mit Mängeln des noch ver-
einzelten Selblebens des Einzelmenschen behafteter Versuch
ist auch der meinige. Allein, sofern er dem Or- und Ur- und
Zeitbegriffe der Sprache und dem Urzeitewigbegriffe derselben

gemäss ist, ist er giltig für alle Zeiten, Räume und Theil-
menschheitgestaltungen und mit den Versuchen der Wesensprache auch anderer Erdmenschheiten wesenheiteinstimmig.

§ 21.

Da in der Wesentonsprache die Grundbedeute aller Grundlaute unabänderlich ihrem leibleblichen Urbedeute nach festgesetzt werden, so werden dem Wesentonspracher die Volksprachen schrecklich, weil er unwillkürlich die Wörter derselben grundlauturbedeutlich, wesentonsprachlich, versteht und
empfindet. So ist ihm das Schwanken der Brustlautung in
der englischen Sprache, sowie deren Stumpfgrenzlaute, widrig.

Besonders auffallend ist dem Wesentonspracher der Umstand, dass die Volksprachen widersinnig das Liebliche mit
schrecklichen und widrigen, das Widrige mit lieblichen Namen
nennen, z. B. Willkomm für eine Tracht Prügel.

Auch die Wesensprache kann bloss äusserlich und schall-
heitlich (ex usu) von Kindern und Erwachsenen erlernt werden. Dann wird der Lernling von selbst mit Freuden die
Gesetze und den allgemein durchgehenden Wissenschaftgliedbau bemerken und dann die Sprache auch wesenheitlich
durchdringen und erlernen.

§ 22.

Die Sprache des Menschen ist Darzeichnung des Geistlebens, also aller Lebnisse, d. h. Schaunisse, Fühlnisse, Wollnisse, jedoch so, dass das Schaun und Denken überwiegt
(vorwaltet). Jede Bezeichnung jedes Selblebnisses ist ein Wort.
Die Wörter für Fühlnisse, Wollnisse, Schaufühlwollnisse sind
die sogenannten Gemüthwörter, die den Hauptwörtern glied-
baugleich stehen.

Begriff des Wortes. Wort ist Selbwesnisszeichen oder
Selblebnisszeichen, sei das Selbwesniss nun ein Selbschauniss,
ein Selbfühlniss, oder ein Selbwollniss. Der Begriff des Wortes
geht auf den Bedeut, der der Spelle bloss auf Lautheit.

Spelle (= Silbe) ist ebenfalls ein Bildwort, aber echt
altdeutsch. Besser ist: Lauting, Lautganzes, Lautheit, Gelaut.

§ 23.

Von den Satzbauzeichen (Signis interpunctionis).

Die Satzbauzeichen können betrachtet werden
a) hinsichts des vorigen und des folgenden Satzes,
b) sofern sie zugleich Satztonzeichen sind.

Jedenfalls sind sie nach dem Wesenheitgliedbau, nach
Wesenheit, Selbheit und Ganzheit, zu ordnen und zu benen-

nen, wobei die Wesenheit zugleich die Seinart (Möglichkeit, Wirklichkeit, Nothwendigkeit) in sich schliesst. Z. B. die gewöhnlichen Satzbauzeichen sind . , : ; ! ? Der Punkt (.) ist das Satzselbzeichen (Selbel), das Komma (,) ist das Satzgegenzeichen oder Satzverhaltzeichen (Verhaltel); der Doppelpunkt (:) ist das Satzvereinzeichen oder Satzmälzeichen, Satzwechselvereinzeichen (Vereinel); das Semikolon (;) ist das Satzselbvereinzeichen oder Satzselbmälzeichen (Selbvereinel) (d. h. wo der vorige Satz zum folgenden bezogen wird); das Ausrufezeichen (!) ist das Satzgemüthzeichen, Satzgefühlzeichen, also: Anregzeicher, Bewunderzeichen, Schmerzzeichen, Freudezeichen; das Fragezeichen (?) ist das Satzfragzeichen oder Forschezeichen (nämlich: fragen von etwas, das ingeistmöglich erscheint, heisst: wissen wollen, ob es statt ist, oder nicht)*).

---

*) Die beiden letzten Zeichen deuten Beziehungen des Satzinhaltes auf den Sprechenden an, sind also signa subjectiva, während die vier ersten signa objectiva sind.

Anhang II.

Allgemein-Schaunisse und Bemerknisse über die Wesensprache.

§ 1.

Die Tonsprache bezeichnet durch das Theil-Gliedbauleben der Lunge und Zunge (und überhaupt des Gliedbaues der Sprachwerkzeuge) den Einen Weseningliedbau. Die Möglichkeit hievon beruht in der Selbeigen-Wesenähnlichkeit dieses, wie jedes Theilleb-Gliedbaues, inmit Wesengliedbau.

Daher ist diese, wie jede Bezeichnung übertraglich (tropisch und metaphorisch und synekdochisch, pars pro toto)*), und es muss daher mit dem beschränkten Vorrathe „sehr hausgehalten" und sehr gesorgt werden, dass entsprechende Glieder durchgehends gewählt werden.

Zu dem Ende muss

a) urwissenschaftlich, Wesengliedbau geschaut,

b) das Lautthum als Gliedbau der Eigenlebwirkniss dieses Theil-leibleben-gliedbaues erkannt werden in seiner Selbwesenheit, dann für jeden Laut dasjenige Allgemeine gefunden werden, wovon selbiger als Leibwirkniss ein untergeordneter Einzeltheil und Beispiel ist.

Der ganze Wortvorrath (auch hinsichts der Wortartung und Wortumendung, Etymologie und Flexion), sowohl der Wesenton-, als der Wesenschriftsprache, ist entfaltbar, noch ehe und bevor der wesensprachliche Ursinn und Bedeut demselben angewiesen worden, wenn der Wissenschaftgliedbau des Sprachbildenden (des Einzelnenschen, oder des Volkes, oder der Erdmenschheit) noch dazu nicht weit genug gekommen.

Umgekehrt kann auch der Wesenschaugliedbau weiter

---

*) Jede Sprache, ja die Sprache ist Eine grosse Synekdoche, Ein grosser Tropus.

7*

gebildet sein, als der Zeichengliedbau, welches bis jetzt noch
mehr, und besonders bei mir selbst in höherem Masse, der
Fall gewesen ist und ist. Jedoch befinde ich mich besonders im ersten Falle, da ich z. B. das Wortthum der Wesentonsprache folgebildlich entfalten kann und theilweis entfaltet
habe, viel weiter, als ich es mit meinem Wissenschaftgliedbau bereits vereingebildet habe.

§ 2.
Einzelsätze über Sprache.

1. Sprache ist Darzeichnung des Geistlebthumes.
2. Das Geistlebthum ist ein Gliedbau.
3. Sprache soll also den Geistlebthumgliedbau in einem
entsprechenden Zeichengliedbau darzeichnen.
4. Also die Tonsprache in einem Zeichengliedbau von
Tönen, oder Lauten; — in einem Lautzeichengliedbau.
5. Und die Gestaltniss-Sprache durch einen Gestaltniss-
zeichengliedbau.

Anm. Es sei nun diese Gestaltnisssprache tonsprach-
nachbezeichnend, eigentliche Schriftsprache, oder selbheitlich
bezeichnend, unmittelbar bezeichnend.

6. Der Geistlebengliedbau ist Schau-, Fühl-, Woll-Gliedbau.
7. Der Schaulebgliedbau erscheint als ein Satzgliedbau.
8. Die Sprache muss daher auch den Satzgliedbau darzeichnen, die Tonsprache ihn darlauten, darsprechen, die
Gestaltnisssprache ihn dargestalten.
9. Der Satzgliedbau besteht aus Gesatzthumen, Gesatzen
(Sammsätzen), Sätzen, Satztheilen, Wörtern, Spellen, Grund-
lauten. So muss er also auch gliedbaulich dargesprochen,
im Reden ausgedrückt und ebenso dargeschrieben werden.
10. Das Grundstoffniss der Darzeichnung der Tonsprache
ist das Lautthum, das Grundlautthum.
11. Jeder Laut ist artheitlich sowohl, als ganzheitlich
und grossheitlich in verschiedenen, ja in allen möglichen Hinsichten zu betrachten, und zwar jeder für sich (selbheitlich)
und verhaltlich.
12. Das Darlauten muss also in allen Hinsichten so eingerichtet werden, dass der Satzgliedbau dargesprochen werde.
So z. B. das Schweigen muss so eingerichtet werden, dass
Wörter, Satztheile, Sätze, Sammsätze und höhere Satzganze
in ihrer Selbständigkeit erscheinen; also diese Schweigen umso
länger eingerichtet werden, zu einem je höhern Theile des
Satzgliedbaues man sich erhebt. Und ebenso müssen die
leeren Zwischenräume in der Schriftsprache satzgliedbaugemäss
eingerichtet werden.

Wer nun nicht satzgliedbaugemäss ausspricht (redet), oder schreibt, der stellt den Satzgliedbau krüppelhaft dar, der missbildet ihn, ja er gewöhnt sich auch, gliedbauwidrig anzuschaun und zu denken.

13. Damit der Satzgliedbau dargezeichnet werde, ist also zuerst wesentlich, dass alle Theile desselben in ihrer verhaltmässigen Selbwesenheit erscheinen und wahrgenommen werden. Dieses wird bewirkt durch das Theilalleinigen, durch Schweigen (Pausiren) im Sprechen und durch leergelassnen Raum im Schreiben. Es kann also auch der Satzgliedbau dargeschwiegen werden.

Es sind daher: Laut-   Schweigen (Pausen),
               Spell-   Leerräume (Spatia,
               Wort-   Zwischenräume)
               Satztheil-
               Satz-
               Samm-Satz-
               Samm-Satzthum-

zu beobachten, und zwar in angenehmem Verhältnisse an Grossheit wachsend. Also die Stabenzwischenräume sind die kleinsten, die nächstgrösseren die Spellzwischenräume.

Ein Drucksetzer muss darauf sehr genau achten, ebenso ein Schönschreiber, ebenso ein Redner auf die verhaltmässig langen Schweigen, wodurch er Wörter von Wörtern, Sätze von Sätzen u. s. w. absondert.

14. Ein zweites Kunstmittel, den Satzgliedbau darzuzeichnen, ist der Vorton, die Bevortonung, Auszeichnung durch den Ton. Dabei kommt vor: Stärke, Schwäche (p., f., cr., decr.), Höhe, Tiefe, Inkraftigkeit (Energie), Inschwachheit, Zeitmass, Langsamkeit, Schnellheit des Tones.

15. Auch der Vorton bezieht sich auf alle Satzbauglieder, also ist er Lautvorton, Spellvorton, Wortvorton, Satztheilvorton, Satzvorton, Sammsatzvorton, Sammsatzbauvorton.

16. Auch der Vorton soll den Satzgliedbau darzeichnen.

Anm. Er bezieht sich aber auch zugleich wesentlich auf den Ausdruck des Fühlens und Wollens (des Gemüthlebens).

17. Im Deutschen bezieht sich der Vorton auf die Redwesentlichkeit und nur mittelbar auf die Denkwesentlichkeit; er stellt also die Redwesenfolge, nicht die Denkwesenfolge, als solche, dar.

Anm. 1. Die Denkwesenfolge nur mittelbar, sofern sie eben mit der Redwesenfolge übereinstimmt.

Anm. 2. Daher kann man jedes deutsche Sammwort so vielfach bevortonen, als Stammspellen, d. i. Urlinge, darin sind,

z. B. Hausfreund, im Gegensatz mit: Ortfreund, Standfreund u. s. w.; Hausfreund, im Gegensatz mit: Hausfeind, Hausbekannter u. s. w.

Anm. 3. Ebenso kann der Satzvorton im Satze auf jeder Urspelle liegen, z. B. ich habe dich lieb, d. i. kein Andrer, oder ein Andrer nicht; ich habe dich lieb, — nicht bloss lieb gehabt, oder werde dich nicht bloss lieben; ich habe dich lieb, keinen Andern; ich habe dich lieb; ich kenne dich nicht bloss, gehe nicht bloss aus Pflicht mit dir um.

Anm. 4. Ebenso in jedem Satzbau jeder Satz, wobei besondere Rücksicht auf die durch Schaltsätze zertheilten Sätze genommen werden muss.

Anm. 5. Bei der Redwesenheit kommt es auf die Bestimmnisse (auf die Bestimmtheit) an; dagegen die Denkfolge vom Ganzen auf die Theile, vom Selb zum Verhalt, vom Allgemeinen auf das Besondere, unwandelbar geht. Daher sind sich beide Folgreihen meist entgegengesetzt.

Anm. 6. Um den Vorton zu entdecken, muss man sehen, was der Redende bejahen und was er verneinen will, welches Verneinniss man der Deutlichkeit wegen darauf folgen lassen kann (wie in den Beispielen der Anm. 3.).

Ein Vorton muss stets etwas verneinen.

18. Ein Wort, das mehr, als zwei Urspellen, und ein Satz der mehr, als zwei Sätze hat, kann auch mehr als einen Vorton haben, und dann entweder zwei gleiche, oder einen Vorvorton (Vorton in zweiter Stufe).

§ 3.

Zu der ewigzeitlichen Sprachwissenschaft.

(Zu der Philosophie der Sprache.)

Da Wesen alle Wesenheit ist, so ist zu vermuthen, dass kein Laut sein werde, der nicht, bei einzelnen Völkern, wenigstens mit den Namen Gottes ausmachte. Dies findet sich bestätigt schon durch Vergleich der im Vocabul. Catharinae zusammengestellten Gottnamen.

Die chinesische Schriftsprache ist ein lebendiges, in seiner Art einziges Beispiel einer nicht nur von der volklichen Tonsprache überhaupt unabhängigen Zeichensprache, sondern auch einer Art Allschrift (Pasigraphie), oder besser: Wesensprache. Die ägyptische Hieroglyphik beruhte mithin auf einem gehaltigen, ausführbaren, verständigen Urbegriff (einer wesentlichen Idee), und wir sind seit dem Erscheinen des grossen, von Napoleon veranstalteten Werkes über Aegyptens

Alterthümer, sowie durch mehrere Kupferstiche und Schriften, besonders durch Palin's geistreiche Bemühungen, der endlichen Lösung dieses geschichtlich hochwichtigen Räthsels jetzt weit näher, wie ich aus eigner Beschäftigung mit diesem Gegenstande und aus eignen Versuchen weiss. Die genaue Kenntniss des indischen Hieroglyphenthumes, wozu der lebendige Schlüssel noch in den heiligen Schriften der Inder und in der Wissenschaft der Brahmanen vorhanden ist und uns durch Colebrooke und Andere eingehändigt werden wird, kann vielleicht im Verein mit der chinesischen Sprachkunde die letzten Riegel lösen, welche uns dieses Heiligthum noch verschliessen.

§ 4.

Einzelsätze zu der Orsprachlehre.

· 1. In der Raumeigengestaltung orendinist (orendbildist, orendahmist) Oringliedbau Wesens, also giebt diese Intheil-ähnlichkeit, vollwesentlich (vollendet) dargestellt, die reine Raumheitsprache.

Die Gesichtzeichensprache ist also eigentlich die Raumheitsprache; mag nun der menschliche Leib selbst in seinen Bewegungen (Geberden) das Zeichenthum sein, oder mögen reinselbwesentliche, auf den Menschenleib unbezugliche und als davon unabhangige Raumgestaltnisse (Linien, Flächen, Rundnisse, Bilder [farbige, oder Rund-, oder Halbrundbilder] durch den Leib selbst, oder ausserhalb, den Augen dargestellt werden.

2. Auch der Gedanke einer Mellheitsprache für Geschmack und Geruch und Gefühl erscheint hier als begründet, und zwar aus denselben Gründen, als die Raumsprache.

3. Ebenso die Erdlebengliedbausprache.

4. Die Mellheitsprache und die ganze Erdlebengliedbausprache (s. 2 u. 3) sind zum Theil als bildheitliche Sprache in die Raumheitsprache aufnehmbar (damit mählbar).

5. Die Tonzeichensprache ist also eigentlich Intheil der Gliedleiblebsprache, nämlich sie ist Lebkraft(stimmung)sprache, sofern solche im Selbinbeweg des zu Brust und Unterleib (Quermuskel) und Unterhaupt (Bauch des Hauptes, Hauptbauch) gehörigen Theilnervbaues besteht, und dieser letztere an der brustbewegten Luft sich äussert.

Die Brust setzt die Luft in Ganzbeweg (Fortbeweg, in Massenbeweg), an dem Kehlkopfe setzt sie der Leib in Tonbeweg (Selbinbeweg), und die Aussensprechglieder bestimmen die so fort- und inbewegte Luft zu Grenzlauten (Konsonanten); Letzteres kann, beim Heimlichreden, mit Ersterem ohne Mittleres geschehen.

Die Abhauptglieder (Arme, Beine, Brust, Schultern, Hüften) geberden in der Luft; die Hauptglieder geberden (gestalten, begrenzen) die inbewegte Luft durch ähnliche Bewegungen (gestalten die bewegte Luft).

(Man redet also mit dem Bauchhaupte, vereint mit dem Hauptbauche [dem Haupte des Bauches, der Brust].)

6. Hieraus wird also klar, dass Tonsprache eigentlich ein Intheil der ganzen Geberdsprache (Nervbau - Antorlebwirknisssprache) ist, als die Luftgeberdungsprache! Also auch Intheil der Einen Raumgestaltsprache, worin auch die Geberdensprache enthalten ist; und hinsichts des Auffassenden: Ohrgestaltsprache, neben der Augbildgestaltsprache, neben der Melllebensprache und Erdlebensprache.

Ihr Eigenwesentliches theilist Verfluss in der Zeit und Raumzeit oder Beweg, und zwar zugleich Ganzbeweg und Selbinbeweg (Ton).

Die Geberdsprache ist auch 1. ruhend (Stellung), 2. bewegt (Geberdung), 3. beides vereint.

Die Erdlebengliedbausprache hat in sich urviele Theile, und zwar gliedbaulich, als: Blumensprache, Pflanzensprache, Thiersprache (Löwe = Muth, Stärke bei Grausamkeit). Auch die Sprache jeder übermelllebenlichen Theilkraft: Lichtsprache, Helldunkelsprache, Farbheitsprache.

Weiss entspricht dem o (= Wesen, Gott), Roth dem u (= Urwesen), Gelb dem i (= Geistwesen), Blau dem e (= Natur, Leibwesen), Orange dem ü (= Ur-verein-Geistwesen), Violett dem ö (= Ur-verein-Leibwesen), Grün dem ä (= Geist-verein-Leibwesen), Menschenfarbe dem a (= Ur-verein-Geist-verein-Leibwesen). —

Die Farbheit gehört den Wesen, das Halbdunkel den Wesenheiten.

So können dann Sätze der Wesensprache farbsprachlich ausgemalt werden.

Solche Thürüberschriften, Wand- und Altarinschriften müssen in den Hallen des Menschheitbundes sein, und solche Bekleidung (nach Farbensprache) müssen die Menschen als Mitglieder des Menschheitbundes haben.

7. Die Erdlebensprache ist Intheil der Leibwesensprache (wovon auch die Sternbildsprache [eigenleibliche, d. i. wirklicher Sammsternungen, und inbildfreie] ein Theil ist).

8. Die Einzeltheile der Einen Wesensprache können sich einander wechselseitig theilweis in einander aufnehmen; die Raumgestaltsprache aber, in gliedbaulicher Abstufung der Unmittelbarkeit, alle diese Einzeltheile, selbst die höherwesentlichen Theile, als sie selbst ist. Denn das Auge, der Lichtsinn, ist der freieste, allumfassende Sinn, weil das Licht die Or-

ganzkraft des Leibwesens in Einer bestimmten Inabwirkheit [Inäusserung] ist. Und diese Sprache umfasst

1. reinwissenschaftliche Wesenzeichen;

2. Bildzeichen des ganzen Leiblebens, sofern solches in Raumgestaltnissen sich darbildet, von der Sternbildsprache bis zu der Sprache, die aus den Spuren der Thiere, dem Lauf der Kerfe, Kanker u. s. w. hergenommen ist;

3. die ganze Tonsprache,

α) indem sie Wesengliedbildzeichen für alle möglichen Sprachlaute darbietet, ·

β) indem sie Wesenzeichen für alle Geberden giebt (z. B. die Taubstummensprache kann auch geschrieben werden),

γ) indem sie Wesenzeichen der Tonerei darbietet.

Auch die zartesten Schattnisse (Schattirungen, Nüancen) der Stimme können durch entsprechende declamatorische Zeichen ausgedrückt werden.

Durch das hier früher (S. 87) angezeigte Mittel vermag die Raumzeichensprache sogar die urbildliche Tonsprache, sowie auch jede volkeigenlebliche dieser· Erde, wohlgegliedet und gesondert, in sich aufzunehmen, und dieses ist ein menschheitlebwesentlicher Punkt. Sogar auch jedes Volkes Schriftzüge (Grundlautzeichenthum) mit Beisetzung der Wesengliedzeichen.

4. Schon in einer solchen Raumgestaltsprache*), wie letztvoriger § 3 andeutet, würde der Wissenschaftbau verhaltviel gewinnen. Und einen solchen Versuch zu machen, bin ich im Stande, wenn ich noch eine Reihe von Jahren Leben und Geistkraft behalte.

Aufgabe. Sammleben aller Theilsprachen, als des Ingliedbaues der Einen Menschheitsprache, in die vollwesentliche Darstellung (Darzeichnung) des Wissthumgliedbaues.

---

*) Die Gestaltsprache als Geberdsprache (d. h. dargestellt mittelst des Leibes) hat vor der reinen Musik, d. h. der reinen Tonkunst, den Vorzug, dass sie zugleich Schauen und Empfinden (Geist und Gemüth) umfasst.

Anhang III.

Erster Unterricht in der Wesensprache.

§ 1.

Die Sprache ist eine heilige Angelegenheit der Menschheit, unter andern auch deshalb, weil sie eine wesenheitliche Stütze der Geistbeschränktheit der Einzelmenschen ist, theils für den Einzelnen, sofern er darin die Hauptergebnisse des ganzen bisherigen Menschheitlebens empfängt, theils für sein Eigengeistleben, sofern er der Sprache als Erinnersal seiner eignen Gedanken und als Ersatz der beschränkten Ueberschauung seiner eignen Gedanken (z. B. bei weitläufigen und verwickelten ganzheitlehrlichen Bestimmungen, — algebraischen Rechnungen) sich bedient. Besonders wohlthätig ist sie für das Volk, das, in einförmigen Geschäften befangen, ohne sie nie entwildern könnte.

Daher ist jedes verbesserte Wort, jedes neue Wort (jedes Besserwort, jedes Neuwort) ein Lebengewinn, ja, mittelbar, ein Menschheitlebengewinn.

In irgend einer bestimmten Sprache befangen, kann das Leben des Einzelnen, der Völker, — der Menschheit nur bis auf eine bestimmte Grenze gedeihen, entrohiget, entungestaltiget, höher- und weitergebildet werden. Will die Menschheit weiter, so muss auch die Sprache weiter!

Daher sei das Bestreben, die Ton- und Raumgestaltsprache zu urbilden, mir fernerhin heilig; heilig auch das Bestreben, die deutsche Vatervolksprache nach dem Geiste der Wesensprache und nach ihrem Eigengeiste auszubilden.

§ 2.

1. Wesensprache ist Zeichengliedbaudarstellung*) oder Zeichendargliedbildung Wesens und seines Inwesenthumes

---

*) Zeichen ist ein Wesen, oder eine Wesenheit, sofern dieses Wesen, oder diese Wesenheit, die Eigenlebgeistinwesenung (das Schaun, Fühlen, Wollen, Schaufuhlwollen, mit Bewusstsein, oder ohne Bewusstsein) eines andern Endwesens mittheilveranlasst.

Folgesatz. Also ist Wesen selbst Orzeichen sein selbst.

(Wesengliedbaues). Menschheitwesensprache ist Zeichengliedbaudarstellung Wesens und seines Inwesenthumes, sofern es ingeistwesenet, d. i. sofern Urwesen im Geiste da ist, geschaut, empfunden, gewollt.

(Menschheitwesensprache leistet nur soweit etwas Wesentliches, als dessen Ingeistnissthum urwesengemäss ist.)

So ist Sprache bis jetzt nirgends auf Erden aufgefasst worden; fernbleibende und fernscheinende Ahnungen finden sich zwar bei den Hindu, Aegyptern, Sinern; noch entferntere bei Leibniz, Wilkins, Dalgarno; aber rein und ganz findet sich sogar die Aufgabe nirgends.

2. Der Zeichengliedbau muss dem Wesengliedbau in seinem beschränkten Gebiete gemäss sein*).

Es verschwindet also in der Sprache alle Willkür, um der Freiheit, d. i. der gottahmlich bildenden Selbkraft, Raum zu schaffen.

Wo Willkür, da kein Gesetz. In Gott ist nicht Willkür, sondern Freiheit. Willkürlichkeit liegt nicht im Allgemeinwesentlichen (im Begriffe) des Zeichens, wohl aber: Freiheit, d. i. Gottgesetzigkeit. — Selbst echte Volk-Ursprachen sind nicht willkürlich, sondern dem Schauthume, dem Gefühle und der Willenkraft der redenden Völker gemäss.

§ 3.

Das Zeichen ist hinsichts (vergleichs) des Bezeichneten zuerst wesenheitgleich, dann auch wesenheitungleich (verschieden).

Vorbemerk. Das Zeichen muss zuerst in seiner Selbeigenwesenheit erfasst werden; z. B. Tonzeichen in der Selbeigenwesenheit der Tonheit. Danach ist auch die Eigenwesenheit dieser Sprache-hinsichts-des-Zeichens bestimmt.

§ 4.

Nur der Urweseninnige, Urwesenwache, dessen Wissthum ein Vollgleichniss ist des Urwissthumes Gottes, kann die Menschheitwesensprache zu bilden beginnen.

§ 5.

Aufgabe. Diejenige endliche Wesensprache aufzustellen, welche durch Endraumnisse (endliche Raumgestalten) bezeichnet**).

---

*) Dieses Entsprechen wird gefordert von der Sprache jeder Art, von Tonsprache, von Gestaltsprache.

**) Diese Sprache ist von dem Eigenlebstande des Sprechenden ganz unabhangig, rein ewigwesentlich, und ebenso unabhangig von der Gemüthstimmung. Ganz anders die Tonsprache.

Zur Auflösung. 1. Man suche dasjenige Endraumniss
auf, welches Wesen allein richtig bezeichnet, also gewählt
werden muss; dies Zeichen, mit Wesen-Beizeichen, die den
Stufbau im Urwesen bestimmversehen, ist für alle Wesen
giltig.

Erläuterung durch ein Beispiel. Mein Leib ist ein
eigenleblicher Theil in der Einen Leibheit dieser Erdmenschheit; so betrachtet, zuhöchst der Ur-Menschheitleibheit in
Gott. Aber er ist ein Intheil in der Einen Thierleibheit
dieser Erde und der Urthierleibheit in Gott, also auch der
Einen Gliedleibheit (organischen Natur) dieser Erde und der
Urgliedleibheit in Gott, eigentlich zunächst des Leibwesens,
und inmit dieser in Gott. Diese aber ist ein dreifaches Vereinwesen in der Natur, d. i. Allnatur, mit ihren beiden innern
Gegenleibheiten in Wechselvereinleben. Alles dies muss und
kann in diesem Einfachzeichen liegen. Dies Zeichen ist aber
nur die Kugel, weil sie in der Endlichkeit in sich urganz
ist, und weil in ihrem Erstwesentlichen keine Gegenheit, also
Selbganz-Ein-Wesenheit*) da ist. Denn die Umfläche ist
Eine, selbe, ganze, als endliche, mittelst Selbstheimkehr, dennoch unendliche, unbedingte, wesenheiteinheitige. Die Wesenheit des Raumes ist Dreistreck-(dehn)heit, und diese ist inan
der Kugel allseitig wesenheitgleich.

Also sollten nun alle Wesen mit Kugeln bezeichnet werden in Einer Kugel; denn in allen ist Urwesengleichheit das
Erstwesentliche.

§ 6.

Vorläufige Erläuterung durch Bezeichnung eines Satzes.

Satz ist Zeichendarstellniss eines angeschauten Verhältnisses Eines, oder mehrerer Ingeistnisse.

Erklärung. Ingeistniss ist alles, was im Geiste ist, sei es
urwesentlich, ewig-wesentlich, zeitlich-wesentlich, oder ur-zeit-
ewig-wesentlich. Also enthält Ingeistniss in sich: Schauniss,
Empfindniss, Willniss, Uebniss, Thatniss.

Der Ursatz ist also: Wesen weset Wesen, oder: Urwesen urwesenet**) Urwesen.

Sowie nun alle anderen erdenklichen Sätze nur Intheile

---

*) In dem ersten Bruchstück des Schaste des Brahma bei Holwell
wird gesagt: der Ewige habe die Gestalt einer Kugel. Diese schwebt
in Zend-Sinnbildern über dem heiligen Feuer. (S. Rhode, die heilige Sage
des Zendvolks, 1820, S. 487.) Dieses lerne ich erst heute, am 29. Juni
1820, nachdem ich auf urwissenschaftlichem Wege seit einem halben
Menschenalter schon mein Urzeichen gefunden!

**) Or-(ur-)ist, ist schon besser, als „ist" schlechthin, aber nicht genug,
weil man unter: ist, sein, das endliche Zeitdasein stillversteht.

dieses Einen Satzes sind, so müssen sie auch in der Zeichendarstellung alle als Intheile des Zeichenthums für diesen Satz erscheinen.

Geschichtbemerk. Räumliche Zeichen haben Wilkins, Maimieux, Leibniz, die Siner, Aegypter u. s. w. angenommen; manche aber in sinnloser, frecher Willkür, wie Wilkins (Ehre übrigens diesem trefflichen Denker!) und Maimieux u. s. w., Andere in wüster Ahnung, wie Aegypter, Siner.

Ebenso suche das Zeichen für Wesenheit, d. i. im strengwissenschaftlichen Sprachgebrauche Or-Wesenheit. Dies aber ist der Würfel *).

Beweis. Der Würfel ist die allgleichformige, ungegenartheitliche Darstellniss der Inwesenheit des Raumes, nämlich seiner drei Gegenstrecken, so zwar, dass an der Anderheit dieses Endwesnisses die Gleichwesenheit (Selbstingleichheit) darweset und darist. Die Anderheit desselben ist, dass je zwei Seitenflächen Nebenflächen, oder Rechtwinkelgegenflächen sind; die Wesenheitgleichheit daran ist: jede Seitenfläche zu jeder Angegenfläche ist gleichgeneigt (senkrecht); alle Endseitenflächen sind Gleichvierecke, alle Kanten auf alle Kanten und auf alle Angegenflächen gleichgeneigt; daher auch der Würfel in einer Kugel, wenn sie sammmittig sind, allseitig eingestellt werden kann (inanpasst).

§ 7.

Sprachgesetz. Alle Zeichen müssen aus einer Verhaltgleiche entfaltet werden, die in der Verhaltgleiche: „Kugel zu Würfel, wie Urwesen zu Urwesenheit" als Intheil enthalten ist.

§ 8.

Lehrsatz. Die Möglichkeit der Bezeichnung des Urwesens und aller Wesen in ihm beruht auf der Voll-Urwesenähnlichkeit jedes Wesens und jedes Wesens jeder Eigne, z. B. des Raumes, der Lautheit.

Bemerk. Jedes Wesen in Gott ist eine endliche, aber vollwesentliche Offenbarung Gottes. Wenn nun irgend ein Wesen, oder irgend eines Wesens Eigne, als solche, erkannt, und jeder entsprechende Theil der Offenbarung auf den entsprechenden Theil des Offenbarten bezogen wird mit Bewusstsein sowohl des einen, als des andern, als dieser ihrer Beziehung, so ist Sprache da.

Aufgabe. Diejenige endliche Wesensprache aufzufinden,

---

*) Keiner der übrigen Gleichgesetzeckräume (solidorum regularium) taugt zur Bezeichnung der Wesenheit, weil an keinem derselben, ausser an dem Würfel, an der Anderheit die Dreistreck-Gleichwesenheit ist; denn die Gleichwesenheit derselben ist nicht dreistreckig.

welche durch Töne (Laute und Lautheiten) Wesen und Wesengliedbau bezeichnet.

Betrachtung. Laut ist Inselbmälaussenbeweg, also ein
miteigenlebiges (symptomatisches) Bewirktniss (Aussenergeb-
niss) und zugleich Bewirkniss (Rückwirkniss, Anregniss) des
Eigenlebens als Gefühllebens (Empfindlebens, Gemüthlebens).
Daher hat jeder Laut (Ton), er werde nun von vorglied-
leblichen (Steinen, Saiten), oder von gliedleblichen (Thieren,
Menschen, Pflanzen) Leibern hervorgebracht (dargelebt), einen
wesentlichen Lebenbedeut (Ursinn), welchem der Zeichenbedeut
des zur Sprache ausgebildeten Lautthums nicht widersprechen
darf, sondern vielmehr völlig gemäss sein muss.

Wesen kann nur durch den Laut bezeichnet werden,
welcher der Brust des Weseninnigen enttönet; frohes, be-
wunderndes Staunen = o; darf also weder vor sich, noch
hinter sich einen Grenzlaut haben.

Wesen als Ingliedwesen = om. Reines m heisst: in sich
haben, in sich sein; und der damit verbundene Nashauchlaut
bezeichnet: Leben und Gefühl; hinsichts des Menschen, dass
er in sich Wesen ähnlich sei, oder Wesen in sich orendselb-
sei, und dass er Wesen in sich fühle und nach aussen orend-
darlebe.

§ 9.

Sprache ist ein Ur- und Ewig-Wesniss für alle Geister
und Menschen (ein Nothwendiges, Stetangebornes); daher kann
kein Geist in der ganzen Orzeit je auch nur eines Augen-
blicks ohne Sprache, sowenig als ohne Denken, Wollen,
Fühlen u. s. w., sein. Daher ist Sprache ansich nicht zeitlich-
entstanden, sondern ein Ewigwesentliches, in der Zeit Blei-
bendes, in jeder Zeit Stetzubildendes.

§ 10.

Das Sprachvermögen ist indurch Wesen in jedem End-
Gliedwesen inmit dessen Selbeigenwesenheit begründet (ewig-
anerschaffen).

§ 11.

Aber auch zeitstetig lebwechselvereint inmit Wesen, sofern Wesen auch als Sprechwesen (Zeichen-, Anzeichen-Wesen)
mit seinem Ingliedbaue orom-vereinlebt.

Daher hat es allerdings Sinn, dass Wesen auch eigenleblich die Geister und Menschen sprechen lehrt, welche
Lehre sie aber, bewusst, oder unbewusst, nur aufnehmen
können indurch jenes ihnen selb-ur-eingeborne Sprachvermögen.

§ 12.

Die Aufgabe der freigebildeten Wesensprache ist: absteigend von der vollständigen Erkenntniss des Gegenstandes die Bezeichnung zu bilden, wogegen die Volksprachen aufsteigend zur Erkenntniss des Gegenstandes die Bezeichnung suchen, und dabei einseitig bezeichnen, und oft in überflüssigen Bestimmnissen.

§ 13.

Wesen : Wesenheit : Formheit = Brustlaute : Hauchgrenzlaute : Stummgrenzlaute.

Verzeichniss

sämmtlicher bis jetzt erschienenen philosophischen, mathematischen und geschichtlichen Schriften des Verfassers.

A.

Bei Lebzeiten des Verfassers erschienen:

1. **Dissertatio philosophico-mathematica** de Philosophiae et Matheseos notione et earum intima conjunctione, Jenae, apud Voigtium. 1802. (Vgl. C. No. 17.)   6 Gr.

2. **Grundlage des Naturrechts**, oder philosophischer Grundriss des Ideales des Rechts. Erste Abtheilung. Jena, 1803, bei Gabler (Cnobloch.) (Vgl. S. 220.)   1 Thlr.

3. **Grundriss der historischen Logik für Vorlesungen**, nebst zwei Kupfertafeln, worauf die Verhältnisse der Begriffe und der Schlüsse combinatorisch vollständig dargestellt sind. Jena, bei Gabler, 1803. (Cnobloch.)   1 Thlr. 12 Gr.

4. **Grundlage eines philosophischen Systemes der Mathematik**; erster Theil, enthaltend eine Abhandlung über den Begriff und die Eintheilung der Mathematik, und der Arithmetik erste Abtheilung; zum Selbstunterrichte und zum Gebrauche bei Vorlesungen, mit 2 Kupfertafeln. Jena und Leipzig, bei Gabler, 1804. (Cnobloch.)   1 Thlr. 16 Gr.

5. **Factoren und Primzahlentafeln**, von 1 bis 100 000 neuberechnet und zweckmässig eingerichtet, nebst einer Gebrauchsanleitung und Abhandlung der Lehre von Faktoren und Primzahlen, worin diese Lehre nach einer neuen Methode abgehandelt, und die Frage über das Gesetz der Primzahlenreihe entschieden ist. Jena und Leipzig, bei Gabler (jetzt b. Cnobloch) 1804. 1 Thlr. 6 Gr.

6. **Entwurf des Systemes der Philosophie:** erste Abtheilung, enthaltend die allgemeine Philosophie, nebst einer Anleitung zur Naturphilosophie. Für Vorlesungen. Jena und Leipzig, 1804. (Die zweite Abtheilung sollte die Philosophie der Vernunft oder des Geistes, die dritte die Philosophie der Menschheit enthalten.) (Später b. Cnobloch.)   15 Gr.

7. **Die drei ältesten Kunsturkunden der Freimaurerbrüderschaft**, mitgetheilt, bearbeitet und durch eine Darstellung des Wesens und der Bestimmung der Freimaurerei und der Freimaurerbrüderschaft, sowie durch mehre liturgische Versuche erläutert

vom *Br. Krause.* Erster Band. Dresden 1810 (596 und LXVIII Seiten, mit 3 Kupfertafeln). Desselben Werkes zweiter Band, enthaltend die geschichtlichen Belege und erläuternden Abhandlungen zu den drei ältesten Kunsturkunden. Dresden, 1813. (343 und XXX Seiten.) Beide Bände zusammen kosteten 7 Thlr. 12 Gr., der zweite Band allein 3 Thlr. 12 Gr. Eine zweite, um das Doppelte (u. a. mit dem Lehrlingsritual des neuenglischen Zweiges der Brüderschaft, sowie mit einigen andern Kunsturkunden und Abhandlungen) vermehrte Auflage in zwei Bänden oder vier Abtheilungen erschien 1819—1821 zu Dresden im Verlage der Arnold'schen Buchhandlung. 10 Thlr.

8. **Geschichte der Freimaurerei,** aus authentischen Quellen, nebst einem Berichte über die grosse Loge in Schottland, von ihrer Stiftung bis auf die gegenwärtige Zeit und einem Anhange von Originalpapieren. Edinburg, durch *Alexander Lawrie,* übersetzt von *D. Burkhard,* mit erklärenden, berichtigenden und erweiternden Anmerkungen und einer Vorrede von *D. Krause,* Freiberg bei Craz und Gerlach, 1810. 1 Thlr. 16 Gr.

9. **System der Sittenlehre;** 1. Band, wissenschaftliche Begründung der Sittenlehre. Leipzig bei Reclam, 1810. (Vgl. C No. 14.) 2 Thlr.

10. **Tagblatt des Menschheitlebens;** erster Vierteljahrgang 1811. Dresden in der Arnold'schen Buchhandlung und bei dem Herausgeber D. Krause. Nebst 26 Stücken eines literarischen Anzeigers. (Enthält mehrere wissenschaftliche Abhandlungen des Herausgebers über Mathematik, Naturrecht, Geschichte, Geographie, Musik zc.) (Vgl. C No. 13 u. No. 14.) 1 Thlr. 12 Gr.

11. **Das Urbild der Menschheit,** ein Versuch. Dresden bei Arnold 1811. 2 Thlr. 8 Gr. — Zweite Auflage, 1851, Göttingen, in Commission der Dieterich'schen Buchhandlung. 1 Thlr. 20 Ngr.

12. **Lehrbuch der Combinationlehre und der Arithmetik** als Grundlage des Lehrvortrages und des Selbstunterrichtes, nebst einer neuen und fasslichen Darstellung der Lehre vom Unendlichen und Endlichen, und einem Elementarbeweise des binomischen und polynomischen Lehrsatzes, bearbeitet von *L. Jos. Fischer* und *D. Krause,* nach dem Plane und mit einer Vorrede und Einleitung des Letzteren. Erster Band. Dresden in der Arnold'schen Buchhandlung, 1812. 2 Thlr.

13. **Oratio de scientia humana** et de via ad eam perveniendi. habita Berolini 1814. Venditur Berolini in Bibliopolio Maureriano. (Vgl. C No. 17.) 4 Gr.

14. **Von der Würde der deutschen Sprache** und von der höheren Ausbildung derselben überhaupt, und als Wissenschaftsprache insbesondere. Dresden, 1816. 10 Gr.

15. **Ausführliche Ankündigung** eines neuen vollständigen Wörterbuches oder Urworithumes der deutschen Volksprache. Dresden, bei Arnold 1816. (32 S. gr. 8.) 2 Gr.

16. **Höhere Vergeistigung der echtüberlieferten Grundsymbole der Freimaurerei** in zwölf Logenvorträgen von dem Br. Krause; 3te, unveränderte, mit einer Uebersicht des Zweckes und Inhaltes der Schrift über die drei ältesten Kunsturkunden vermehrte Ausgabe. Dresden, bei dem Verfasser und bei Arnold 1820. (Die erste Ausgabe erschien 1809.) 1 Thlr.

17. Theses philosophicae XXV. Gottingae 1824. (Vgl. C No. 17.)

18. **Abriss des Systemes der Philosophie.** erste Abtheilung. Für seine Zuhörer, 1825. Im Buchhandel, 1828. Göttingen, in Commission der Dieterich'schen Buchhandlung. (Vgl. C No. 12.) 16 Gr.

19. **Darstellungen aus der Geschichte der Musik** nebst vorbereitenden Lehren aus der Theorie der Musik. Göttingen, in der Dieterich'schen Buchhandlung 1827. 18 Gr.

20. **Abriss des Systemes der Logik,** für seine Zuhörer, 1825. Zweite, mit der metaphysischen Grundlegung der Logik und einer dritten Steindrucktafel vermehrte Ausgabe. 1828. Ebendaselbst in Commission. 1 Thlr. 12 Gr.

21. **Abriss des Systemes der Rechtsphilosophie** oder des Naturrechts. 1828. Ebendaselbst in Commission. 1 Thlr. 12 Gr.

22. **Vorlesungen über das System der Philosophie.** 1828. Ebendaselbst in Commission. 3 Thlr. 8 Gr.

23. **Vorlesungen über die Grundwahrheiten der Wissenschaft,** zugleich in ihrer Beziehung zu dem Leben. Nebst einer kurzen Darstellung und Würdigung der bisherigen Systeme der Philosophie, vornehmlich der neuesten von *Kant, Fichte, Schelling* und *Hegel,* und der Lehre *Jacobi's.* Für Gebildete aus allen Ständen. 1829. Ebendaselbst in Commission. (Vgl. B No. 8.) 3 Thlr. 8 Gr.

24. (Anonym.) **Geist der Lehre Immanuel Swedenborg's.** Aus dessen Schriften. Mit einer katechetischen Uebersicht und vollständigem Sachregister. Herausgegeben von Dr. J. M. C. G. Vorherr, 1832. München, bei C. A. Fleischmann. 12½ Ngr.
Anmerk. Die meisten dieser Schriften sind vergriffen.

B.

Nach dem Tode des Verfassers erschienen aus seinem handschriftlichen Nachlasse von verschiedenen Herausgebern:

1. **Die Lehre vom Erkennen und von der Erkenntniss,** oder: Vorlesungen über die analytische Logik und Encyklopädie der Philosophie für den ersten Anfang im philosophischen Denken. Herausgegeben von *H. K. von Leonhardi.* Mit drei lithograph. Tafeln. 8. 1836 Göttingen, in Commission der Dieterich'schen Buchhandlung. 3 Thlr.

2. **Vorlesungen über die psychische Anthropologie.** Herausgegeben von Dr. *H. Ahrens*. 8. 1848. Ebendas. 2 Thlr. 10 Ngr.

3. **Die absolute Religionsphilosophie** im Verhältnisse zum gefühlgläubigen Theismus, und nach ihrer Vermittelung des Supernaturalismus und des Rationalismus. Dargestellt in einer philosophisch-kritischen Prüfung und Würdigung der religionsphilosophischen Lehren von *Jacobi*, *Bouterwek* und *Schleiermacher*. Herausgegeben von *H. K. von Leonhardi*. Zwei Bände in 3 Abtheilungen. 8. 1834—1843. Ebendaselbst. — Erster Band, 1834, nebst Sachverzeichniss zum ganzen Werk, 1836. 3 Thlr. 10 Ngr. Zweiter Band. I. Abth., 1836. 1 Thlr. 20 Ngr. II. Abth. (die Kritik *Schleiermacher's* enthaltend, die auch einzeln abgegeben wird). 1 Thlr. 20 Ngr. — Daraus ist besonders abgedruckt: Ergebniss der Kritik *Jacobi's* und *Bouterwek's*. 22½ Ngr.

4. **Novae theoriae linearum curvarum specimina V,** ed. *H. Schroeder*, Professor. (Cum figurarum tabulis XV.) 4. 1835. Ebendaselbst, sowie auch in München in Commission bei E. A. Fleischmann. 1 Thlr. 25 Ngr.

5. **Abriss der Aesthetik oder der Philosophie des Schönen und der schönen Kunst.** Herausgegeben von Dr. *J. Leutbecher*. 8. 1837. Göttingen, in Commission der Dieterich'schen Buchhandlung. 20 Ngr.

6. **Anfangsgründe der Theorie der Musik,** nach den Grundsätzen der Wesenlehre. Vorlesungen für Gebildete aus allen Ständen. Herausgegeben von *V. Strauss*. 8. 1838. Ebendaselbst. 1 Thlr. 5 Ngr.

7. **Geist der Geschichte der Menschheit,** erster Band; oder: Vorlesungen über die reine d. i. allgemeine Lebenlehre und Philosophie der Geschichte, zu Begründung der Lebenkunstwissenschaft. (Mit einer erläuternden Steindrucktafel und dem Bildnisse des Verfassers.) In einem Bande. Für Gebildete aus allen Ständen. Herausgegeben von *H. K. von Leonhardi*. 8. 1843. Ebendaselbst. 3 Thlr. 10 Ngr.

8. **Vorlesungen über die Grundwahrheiten der Wissenschaft** zugleich in ihrer Beziehung zu dem Leben. 1. Band. Auch unter dem Titel: **Erneute Vernunftkritik.** Zweite, vermehrte Auflage. Prag 1868. Verlag von F. Tempsky. (Vgl. A No. 23.) 280 S.

9. **Vorlesungen über Rechtsphilosopie.** Herausgegeben von *K. D. A. Röder*. Leipzig, F. A. Brockhaus. 1874. 9 Mark.

Ausserdem erschien folgender bereits vergriffener Auszug aus einer Handschrift Krause's über das Eigenthümliche der Wesenlehre:

Uebersichtliche Darstellung des Lebens und der Wissenschaftlehre *Karl Chr. Fr. Krause's* und dessen Standpunktes zur Freimaurerbrüderschaft. Von *H. S. Lindemann*, Dr. philos. 8. 1839. München in der Fleischmann'schen Buchhandlung.

Von den vorverzeichneten Werken sind in den Verlag von **Otto Schulze** in **Leipzig** übergegangen und zu den beistehenden ermässigten Preisen durch jede Buchhandlung zu beziehen:

Abriss des Systems der Logik. 2. Ausg. Göttingen 1828. 1 Mark.

Abriss des Systems der Philosophie. 1. Abtheilung. Göttingen 1828. 50 Pfennig.

Abriss des Systems der Rechtsphilosophie oder des Naturrechts. Göttingen 1828. 1 Mark.

Das Urbild der Menschheit. 2. Auflage. Göttingen 1851. Mark 1.50.

Abriss der Aesthetik oder der Philosophie des Schönen und der schönen Kunst. Herausgegeben von *J. Leutbecher.* Göttingen 1837. 50 Pfennig.

Anfangsgründe der Theorie der Musik. Herausgegeben von *Victor Strauss.* Göttingen 1838. 50 Pfennig.

Die absolute Religionsphilosophie in ihrem Verhältnisse zum gefühlgläubigen Theismus. Herausgegeben von *Hermann von Leonhardi.* 2 Bände. Göttingen 1834—1843. 5 Mark.

Die Lehre vom Erkennen und von der Erkenntniss. Herausgegeben von *Hermann von Leonhardi.* Göttingen 1836. 4 Mark.

Geist der Geschichte der Menschheit, oder: Vorlesungen über die reine Lebenlehre und Philosophie der Geschichte. Herausgegeben von *Hermann von Leonhardi.* Göttingen 1843. 4 Mark.

Vorlesungen über die psychische Anthropologie. Herausgegeben von *H. Ahrens.* Göttingen 1848. 2 Mark.

Erneute Vernunftkritik. 2. Auflage. Prag 1868. 2 Mark.

C.

Im Verlage von **Otto Schulze** erschienen aus dem handschriftlichen Nachlasse *Karl Christian Friedrich Krause's,* von den Herausgebern Dr. **Paul Hohlfeld** und Dr. **August Wünsche,** bis jetzt folgende Schriften:

1. **Vorlesungen über Aesthetik oder über die Philosophie des Schönen und der schönen Kunst.** 1882. 392 S. 7 Mark.

2. **System der Aesthetik oder der Philosophie des Schönen und der schönen Kunst.** 1882. 440 S. (Zur Kunstlehre, I. Abtheilung.) 8,50 Mark.

3. **Die Dresdner Gemäldegallerie** in ihren hervorragendsten Meisterwerken beurtheilt und gewürdigt. 1883. 10 S. (Zur Kunstlehre, II. Abtheilung.) 2,50 Mark.

4. **Die Wissenschaft von der Landverschönerkunst.** 1883. 57 S. (Zur Kunstlehre, III. Abtheilung.) 2 Mark.

5. **Reisekunststudien.** 1883. 230 S. (Zur Kunstlehre, IV. Abtheilung.) 5 Mark.

6. **Vorlesungen über die Methode des akademischen Studium** nebst den zu Grunde gelegten Dictaten. 1884. 57 S. 1,50 Mark.

7. **Vorlesungen über synthetische Logik nach Principien des Systems der Philosophie des Verf.** 1884. 104 S. 3,50 Mark.

8. **Einleitung in die Wissenschaftslehre.** 1884. 111 S. 3 Mark.

9. **Vorlesungen über angewandte Philosophie der Geschichte.** 1885. 308 S. 7 Mark.

10. **Der analytisch-inductive Theil des Systems der Philosophie.** 1885. 120 S. 3 Mark.

11. **Reine allgemeine Vernunftwissenschaft** oder Vorschule des analytischen Haupttheiles des Wissenschaftgliedbaues. 1886. 166 S. 3,50 Mark.

12. **Abriss des Systems der Philosophie.** 1. und 2. Abtheilung. 1886. 210 S. (Betreffs der 1. Abtheilung vergleiche unter A No. 20.) 3,50 Mark.

13. **Grundriss der Geschichte der Philosophie.** 1887. 481 S. 11 Mark.

14. **System der Sittenlehre.** I. Versuch einer wissenschaftlichen Begründung der Sittenlehre. Zweite, vermehrte und verbesserte Auflage. (Vergl. unter A No. 9.) II. Abhandlungen und Einzelgedanken zur Sittenlehre. 1888. 706 S. 15 Mark.

15. **Zur Geschichte der neueren philosophischen Systeme.** 1889. 313 S. 8 Mark.

16. **Grundriss der Philosophie der Geschichte.** 1889. 185 S. 4 Mark.

17. **Philosophische Abhandlungen.** 1889. 404 S. 9 Mark.

18. **Vorlesungen über das System der Philosophie.** 2 Bände. 1. Bd.: Der zur Gewissheit der Gotteserkenntniss als des höchsten Wissenschaftprincipes *emporleitende Theil*. 2. verm. Aufl. 1889. S. 449 u. LII. M. 9.—. 2. Bd.: Der im Lichte der Gotteserkenntniss als des höchsten Wissenschaftprincipes *ableitende Theil*. 2. verm. Aufl. 1889. S. 377. M. 9.—. (Vergl. unter A No. 22.) Beide Bände zusammen 18 Mark.

19. **Das Eigenthümliche der Wesenlehre** nebst Nachrichten zur Geschichte der Aufnahme derselben, vornehmlich von Seiten deutscher Philosophen. 1890. S. 292. Mark 6.

20. **Anschauungen, oder Lehren und Entwürfe zur Höherbildung des Menschheitlebens.** 1. Bd. 1890. S. 220. Mark 4.50.

Herr Dr. jur. **G. Mollat** veröffentlichte in gleichem Verlage aus dem handschriftlichen Nachlasse *Karl Christian Friedrich Krause's:* **Grundlage des Naturrechtes** oder philosophischer Grundriss des Ideales des Rechtes. *1. Abtheilung:* Die weltbürgerlichen Rechte um der Weisheit, Liebe und Kunst willen. 2. vermehrte Auflage. 1890. S. 153. (Vergl. unter A. No. 3.) M. 3.50. *2. Abtheilung:* Die weltbürgerlichen Rechte um der Tugend, um der Religion, um des Bundes für schöne Vernunftindividualität und um der Endlichkeit willen. 1890. S. 206. M. 3.50. Beide Bände zusammen   Mark 7.

Druck von Bär & Hermann in Leipzig.

Druck:
Customized Business Services GmbH
im Auftrag der
KNV Zeitfracht GmbH
Ein Unternehmen der Zeitfracht - Gruppe
Ferdinand-Jühlke-Str. 7
99095 Erfurt